年報 体育社会学 第6号（2025）

目 次

■巻頭言　　　　高峰 修

特集論文　子どものスポーツ格差

千葉 直樹　　特集のねらい　　01
清水 紀宏　　不公正な子どもスポーツからウェルビーイングなスポーツコミュニティへ　03
片岡 栄美　　学校外教育空間における子どものスポーツと格差：　21
経済資本・文化資本・地域要因を中心に
宮本 幸子・松下 由季
移民児童のスポーツ実施と体力・運動能力：　37
都内公立小学校の量的調査に基づく考察

原著論文

中村 真博・松尾 哲矢
日本における車椅子ソフトボールを通じた　49
肢体不自由者と健常者の関係性構築に関する実証的研究
大隈 節子　　バレーボールにおける「間合い」の攻防に関する生成論的研究　61
中山 健二郎　コロナ禍の高校野球における球児たちの「実践」：　79
「日常の喪失」は高校野球文化にどのような影響を与え得るのか

研究資料

高峰 修　　部活動地域移行にみる生徒の安心・安全課題についての検討：　93
地域スポーツ現場で起こった性的暴行事例を参考に

書評

釜崎 太　　スポーツ原論―スポーツとは何かへの回答／　109
関 朋昭
三宅 仁　　フランス柔道とは何か―教育・学校・スポーツ／　111
星野 映・中嶋 哲也・磯 直樹
束原 文郎　体罰と日本野球―歴史からの検証／　113
中村 哲也

■投稿規程・手引き・倫理規程　　115
■編集後記　前田 博子

JN200730

巻頭言

格差問題と日本体育社会学会の将来

　会員の皆さまに「年報　体育社会学」第6号をお届けできることをうれしく思います．第6号は特集論文4本（「特集のねらい」を含む），原著論文3本，研究資料1本，書評3本，計11本という充実したコンテンツから構成されています．まずは投稿も含め原稿をお寄せいただいた方々，査読をご担当いただいた方々，特集論文の企画に携わられた方々，そして藤井編集委員長をはじめとする編集委員の方々のご尽力とご協力にお礼申し上げます．

　生まれたときには生命活動の全てを他者に依存していた子どもは，6年も経てば小学校に通うようになり，社会性を身につけ始めます．就学前から子どもたちはおにごっこ，ぶらんこ，かくれんぼなどの運動遊びをし始めますが，男の子たちはすでに4歳からサッカーといった集団スポーツ，大人の指導者がいるクラブに加入する，いわゆる組織化されたスポーツに参加するようになる一方で，女の子たちのそうした組織化されたスポーツへの参加は6歳頃からスイミングで始まります（笹川スポーツ財団（2023）子ども・青少年のスポーツライフデータより）．決まった日時の練習に休まずに行く，大人の言うことを聞く，仲間とうまくやっていく，といった社会性を身につける機会の男女の格差は，就学前から始まっています．

　第6号では「子どものスポーツ格差」をテーマとする特集が組まれました．片岡論文では，首都圏に在住する小・中学生の学校外における教育機会の格差について，親の最終学歴や世帯年収，居住地域の人口規模といった変数から描き出しています．宮本・松下論文では移民児童という，日本社会においてはマイノリティとして存在する子どもたちのスポーツ実施と体力・運動能力についての貴重なデータが紹介されています．清水論文は，日本社会における格差問題についてレビューをしており，その中でスポーツ格差の問題を論じています．特に，なぜ体育・スポーツ・健康科学分野では格差問題への対応が遅れたのか，そして格差是正に向けて何ができるのか／すべきなのかという問いかけを，私たちは深く，真摯に受け止めるべきでしょう．

　ちなみに，この清水論文は体育・スポーツ経営学会の会長を務められる清水紀宏先生（筑波大学）が書かれたものです．今回の特集論文がきっかけとなり，本年8月に開催される日本体育・スポーツ・健康学会第75回大会では，本学会（専門領域）と日本体育・スポーツ経営学会（体育経営管理専門領域）による合同シンポジウムが催されることになりました．こうした試みが，格差問題の解消や両学会の発展だけに留まらず，日本体育・スポーツ・健康学会が進むべき方向性をもリードしていくことを期待しています．

明治大学　高　峰　修

特集　子どものスポーツ格差

特集のねらい

編集委員（特集幹事）　千葉　直樹

　日本体育社会学会（体育社会学専門領域）研究委員会では，2024年に「子どものスポーツ格差」と「部活動の地域移行」という二つのテーマで研究セミナーや学会でのシンポジウム等の企画を行った．2024年2月には，特集論文の執筆者の一人である片岡栄美先生（駒澤大学）を講師に「子どもの社会階層とスポーツ参加」という題名でオンラインの研究セミナーを行った．関西大学で6月に開催された日本体育社会学会第2回大会では，「部活動の休日地域移行の問題点―新自由主義的な政策の行方―」という題名で研究委員会主催のシンポジウムを行った．さらに，日本体育・スポーツ・健康学会体育社会学専門領域では，鎌田真三先生（東京大学）を迎え「身体活動と社会経済的要因：現状と格差対策へのヒント」という題名でキーノートレクチャーを行い，その後，「子どものスポーツ格差について考える」というテーマでワークショップを開催した．

　われわれ研究委員会の問題意識には，部活動の地域展開という政策によって，すでに現存している「子どものスポーツ格差」がさらに広がることへの懸念があった．つまり，休日の部活動を民間スポーツクラブ等の指導者に委託した場合に，指導料などの支払いが必要になり，家庭の経済状況によってはこうした経費の支払いができずに部活動への参加自体を諦める状況が生じかねない．こうした問題意識に基づき，今回の「子どものスポーツ格差」という特集企画は構想された．

　今回の特集企画は，このテーマに関する研究業績のある3名の研究者に論文の執筆を依頼した．清水紀宏先生（筑波大学）は，『子どものスポーツ格差―体力二極化の原因を問う』という書籍を2021年に出版し，子どものスポーツ格差の実態を質問紙調査の結果から明らかに

し，警鐘を鳴らしてきた．清水論文では，これまでの日本体育学会での「格差」問題に関する先行研究の紹介，子どものスポーツ格差に関わる研究が十分に行われてこなかった理由，この問題解消に向けた「スポーツ経済学」という新しい学問領域の提案など多岐にわたる問題を提起する．

　片岡論文では，2023年に首都圏の母親を対象にウェッブ調査を行い，親の収入や学歴など社会的地位が高い家庭の子どもほど，学校外で習い事やスポーツ活動など多様な経験をしていることを，フランスの社会学者，ピエール・ブルデューの理論的枠組みに基づき報告する．特に，部活動の地域移行に伴い，子どものスポーツ格差が拡大することを収集したデータに基づき指摘している．

　宮本幸子先生と松下由季先生（笹川スポーツ財団）は，東京都の公立小学校の児童と保護者への調査を基に，外国人と日本人児童の間に遊びやスポーツ実施頻度に格差があることを報告する．これまで日本の体育学では，外国人児童の体力に関する研究は十分に行われておらず，日本人のみならず外国人の子どものスポーツ格差の問題に光を投げかけている．

　これまで体育社会学の研究では，スポーツ現場の貴重なデータを収集した優れた研究が行われてきたが，理論的な枠組みが不十分なものがあった．片岡論文が例証するように，ブルデューの理論的な枠組みを援用することで，実証的なデータを理論的に説明することが可能になる．

　三つの特集論文は，子どものスポーツ格差研究に関する先行研究の問題点を明確にし，さらに，多くの研究者が未開拓な研究を行う上での道標となるであろう．特集論文がこの分野の研究を推し進める一助となることを期待する．

特集論文

不公正な子どもスポーツから
ウェルビーイングなスポーツコミュニティへ

清水　紀宏

Norihiro Shimizu: From unfair children's sports to a well-being sports community. Annu. Rev. Sociol. Sport. Phys. Educ.

Abstract: The term "Inequity in youth sport" is defined as "unjust and unacceptable differences related to sports activities, such as 1) access to sport opportunities, 2) physical activity and sport habits, 3) motivation for engaging in sport, and 4) outcome such as physical strength and competency, which arise due to the given conditions of a child's living environment, including family, community, and school." This paper examines the following issues: 1) why awareness of sport inequity (and unfair) has been delayed in the fields of physical education, health and sport sciences in Japan; 2) why such inequity are problematic; and 3) what the academic community can or should do to address and rectify these inequity.

In Japan, the illusion of a "mass middle-class society" permeated the nation during the post-war period of economic growth. This, combined with a national character that values diligence and effort, fostered a strong ideology of meritocracy and individual responsibility, contributing to a societal atmosphere that was insensitive to inequity. Furthermore, within the education system, academic and physical abilities were regarded as neutral indicators, independent of social class, and the culture of treating all children equally led to the tabooization of inequity issues. Additionally, in the field of physical education, health and sport sciences, two factors inhibited awareness of inequity: 1) a lack of sociological interest in physical strength, and 2) Taiiku person's paradigms focused on the benefits of physical activity and sports, as well as the identification and development of elite athletes.

The inequity in the opportunities to play sport and outcomes emerge in early childhood and widen as children grow. Children who are deprived of sport opportunities and fail to develop physical strength and competency face compounded disadvantages across various aspects of life. Moreover, once inequity arise, they are difficult to rectify. The fields of physical education, health and sport sciences must urgently prioritize empirical research on sport inequity to elucidate their detailed realities and the mechanisms behind their emergence, and to advance theoretical frameworks. Furthermore, since sport inequity are closely linked to the distribution systems of sport resources and opportunities, a reorganization of these fields, including the establishment of economics of sport, is imperative.

Key words: sport inequalities, injustice, socio-economic status, production/ distribution, sport economics
キーワード：スポーツ格差，不公正，社会経済的地位，生産と分配，スポーツ経済学

筑波大学体育系
〒 305-0043　茨城県つくば市天王台 1-1-1
連絡先　清水紀宏

Institute of Health and Sport Sciences, University of Tsukuba, Japan
1-1-1, Tennodai, Tsukuba, Ibaraki, 305-8574
shimizu.norihiro.fu@u.tsukuba.ac.jp

I．不公正なスポーツムラ

2023 年 11 月に実施されたスポーツ庁「スポーツの実施状況等に関する世論調査」によれば，運動・スポーツを実施しなかった理由は，この種の調査で定番の「忙しいから」「年をとったから」「面倒くさいから」に次いで「お金に余裕がないから」が第 4 位，18.1 ％であった（1997 年には僅か 1.8 ％）．また，世帯年収 300 万円未満の人たちに限定すれば，この金銭的条件を阻害要因に挙げる割合が 1/4 に上る．いつからこの国では，スポーツへのアクセスに「カネ」がブレーキをかける時代に入ったのであろうか．この他の調査項目（主観的健康度，体力への自信，運動不足感，スポーツ実施頻度，スポーツ観戦やスポーツボランティアへの参加）においても，社会経済的地位（以下，SES：Socio-Economic Status）による顕著な差異が認められる．また，こうしたスポーツ参加をめぐる社会経済的格差は，この世論調査のローデータが一般公開されて以降（2016 年～），一貫して確認することができる．本稿は，こうしたわが国のスポーツ現実をどう評価し，今後，学界はどう対応したらよいのか，について検討することを目的とする．

体育学 / スポーツ・健康学分野（以下，体育学）の研究生産性（総量）は，筆者が学界に入門した 1980 年代に比べれば格段に増加し，さらに国際化も急速に進んでいる．また，国のスポーツ予算はこの 25 年間で約 3 倍に増額し，スポーツ庁の新設，自治体における首長部局内へのスポーツ推進部門の設置，スポーツ基本法を始めとする法整備や行政計画の定期的策定等，21 世紀のスポーツ推進体制は飛躍的に整備が進んでいるように見える．また，直近のナショナル・マスタープラン第 3 期スポーツ基本計画（2022）では，「なぜ国として『スポーツの発展』を目指す必要があるか」という基本的な問いに立ち返り，そのために「スポーツの価値」とは何かを改めて確認した上で，スポーツの「発展」を図るために必要な具体的方策を示した，という．

にも拘わらず，現実のわが国のスポーツは，決して「発展」しているようには思われない．社会生活基本調査（総務省統計局）によれば，ウォーキングやエクササイズ等を除く狭義のスポーツ人口はこの 30 年間，多くの競技種目で明らかに減少し続けている．また，多額の資金を投入して育成支援されたはずの総合型地域スポーツクラブ全国展開（2000 年～）以後もクラブ加入率は，昭和期から 15 ％前後と低率のまま変化していない．他方，国際メガスポーツイベントは，健全なガバナンスが機能せず汚職・談合に塗れてしまった．1980 年代から脈々と引き継がれている新自由主義的思想に基づく「官から民へ」の構造改革は，スポーツの世界にも着実に浸透し，スポーツの成長産業化，スポーツによる地域経済の活性化，部活動の地域展開，そして何より競技力向上体制の大幅な拡充強化等の主要政策によってスポーツにおける公正さが切り崩されようとしている．

このように，一部の強者・勝者にスポーツの資源・価値・利益が独占されるという現下スポーツムラが向かっているのは，J．ロールズ（2004）が提唱した社会正義の第二原理「格差原理」[注1] からみれば全く正反対の方向，即ち，「最も恵まれた者たちが，莫大な利益を得るように分配される」という不公正の極に進んでいるように見える．こうした，スポーツにおける公共性の危機とも呼ぶべき事態は，スポーツ資源とスポーツ機会の unfair な分配，つまり social injustice に起因すると考える．

II．日本体育学会における「格差」問題への気づき

本誌を発行する日本体育社会学会は，日本体育・スポーツ・健康学会（旧日本体育学会：以下，体育学会）の一専門領域（分科会）であった体育社会学専門領域と連結した学会として創設されたという（学会 HP，会長挨拶より）．そこで，体育学会における格差問題への取組みについて触れておきたい．

わが国のスポーツ状況における格差問題の提起は，体育学会理事会内に設置されたスポーツ振興基本計画特別委員会（2008-2011 年）の政

策提言に遡る．主として社会科学系専門領域の学会員9名で構成された当委員会は，体育学会による初の政策提言をミッションとして設置され，およそ月1回のペースで計22回のミーティングが行われた（その後，後継の審議部門として政策検討諮問委員会が理事会内の常設委員会として設置された）．この委員会における議論が開始される10年ほど前から，国際的には，世界科学会議「科学と科学的知識の利用に関する世界宣言（ブダペスト宣言）」(1999)を契機とする学術界の新たな潮流や，これに呼応した日本学術会議の2つの提言（「学術の社会的役割」2000，「新しい学術の体系―社会のための学術と文理の融合―」2003）により，科学のパラダイム転換が図られようとしていた．それは端的にいえば，「学術のための学術」から「社会のための学術」をより重視した「学術と社会の新しい関係」構築への運動であった．

こうした学術コミュニティ全体の動向を背景に，当委員会では，「社会のための学術」の一環としての専門的アドボカシー機能を果たすべく，当時のスポーツに関わる社会的現実を多面的に分析評価し，本質的な問題点を俯瞰的・総合的な視点から析出することに多くの時間を割いた．とりわけ，現代においてスポーツは，人間・生活・社会にとって「正負・順逆どちらにも作用する巨大な力を備えた"諸刃の剣"」(清水，2011，p.30)との認識を共有し，スポーツの価値・効用を徒に喧伝するだけでなく，現代スポーツをめぐるネガティブな側面をいかに抑制・改善させるかという「問題解決のシナリオ」として政策をデザインすることとした．議論の結果，中長期的なスポーツ政策の推進によって克服すべき現代スポーツの課題は，1)格差・不平等・人権侵害，2)依存・他律・寄生，3)孤立・分散，4)スポーツの道具的・手段的利用の4点に集約された．次に，政策対象となるスポーツの概念と価値について改めて学術的立場から捉え直し，スポーツ文化が将来的に向かうべきビジョンを「理念実現のシナリオ」として体系的に提起した．このスポーツビジョンは，先の4つの課題が克服されたスポーツコミュニティの理念であり，優先順位の高い順に1)公正・公平・平等，2)自立・自律・自治，3)連帯・共生・協働，4)スポーツからの積極的な社会貢献を掲げた．公正・公平・平等価値を最優先としたのは，スポーツを政治的・経済的・教育的等々の立場から手段化して供給する権力サイドからでなく，スポーツを欲求し必要とする需要サイド（生活主体）の側から公共政策としてのスポーツ政策をデザインしようとする意図が明確であったからに他ならない．特に，スポーツにおける量的問題の背後にある質的課題＝スポーツにおける疎外問題（影山，1977）は解消するどころか市場化・グローバル化の過剰な進展によってさらに深刻化している．その象徴がスポーツ享受における格差・不平等問題であった．

以上の委員会による議論の成果は，「スポーツ振興のあり方について（提言2010）」に集録され，文部科学副大臣に提出するとともに，体育学会としては史上初めて文部科学省第1期スポーツ基本計画の事前ヒアリング対象団体として提言の骨子を発表する機会を得た．また本提言は，体育学会主催の「スポーツビジョンづくりシンポジウム」(2010)や学会HP等において公開された．しかし以後，委員会による重要な問題提起について継続的で真摯な論議・論争に引き継がれることなく，スポーツと格差・不平等の問題は長きにわたって不問とされてしまった．

Ⅲ．スポーツ格差という造語

民主党政権時にわが国では初めて公開されたOECDの所得格差報告書（2008）"Growing Unequal?"により，相対的貧困率世界第2位，ひとり親世帯の貧困率は他国に群を抜いてワースト1位，そして子どもの7人に1人が貧困状態にある等，日本は既に格差大国であることが明らかとなった．こうした社会病理に警鐘を鳴らすべく，経済・所得格差，医療格差，情報格差，学力・教育格差，つながり格差，意欲格差，健康格差，体験格差等々，「格差」を用いた造語が頻出した（2006年に「格差社会」が新語・流行語大賞にランクイン）．遅ればせな

がら拙著（2021）で提起した「スポーツ格差」「体力格差」（二極化ではない）もその流れの延長線上で新入りした造語である．

ところで，格差に関連する諸問題の裾野の広さと関心の高さに反して，格差に関する議論はどこか「かみ合っていない」との指摘がある（伊丹・網倉，2008）．その原因は，「格差とは何か」「格差が存在すると何が問題なのか」という議論の出発点からして，認識が一致しているとは言い難い状況にあるからだという．そこでまず，議論の前提となる基本的な用語の意味から検討してみたい．

「格差」という表現は，複数の個人・集団等の間に生じている差異が上下の序列的関係にあり，その差が社会的・経済的・倫理的に問題性を孕むほどの大きさで正当なものではないと糾弾・告発するシンボライズな用語であるという（吉川，2006；久富，2007；耳塚，2013）．他方，格差とセットで用いられることの多い「不平等」は，格差より「あってはならない」という価値判断が強く介入し，評価の概念が関与する（広田，2007）ために，社会正義，ジャスティスの問題により関わる（白波瀬，2006；苅谷・山口，2008）．さらに，こうした格差・不平等社会を語る文脈で使用される用語には，相対的貧困，相対的剥奪，社会的排除がある．通常，相対的貧困とは，ある一定社会の中でそれ以下であるべきではないという生活水準（貧困基準）を下回る困窮状態を指す．従って，貧困撲滅を求めることは必ずしも完全平等社会を志向するわけではない（阿部，2008）．また，Townsend（1974）によって提唱され，今やEU諸国で社会政策を主導する「相対的剥奪」「社会的排除」（樋口，2004，p.5）は，所得（経済資本）というインプット資源の欠乏を意味する従来の貧困概念に変わり，金銭的欠乏が招来させる生活様式全般，例えば生活習慣（衣服や食事），社会参加，スポーツや娯楽など物質的ニーズを越えた幅広い生活資源の剥奪状態（相対的剥奪）に光を当て，これを契機に社会から周辺に追いやられて脱落し，社会の一員としての存在価値を奪われていく（＝社会的排除）ような社会の仕組みや制度を問題視する（阿部，

2011a）．後述するが，不平等・不公正な社会の仕組みが創り出す諸々の格差が大きな問題性を有する一つの理由（なぜ問題か）は，SESに起因する諸格差が，少なくない子どもたちに相対的剥奪という生涯にわたる生活全般への不利を負わせ，社会的排除に至る危険性を恐れるからに他ならない．

ところで，苅谷（1995，2001），苅谷ほか（2002），苅谷・志水（2004）によって，2000年以降格差問題への学術的アプローチが急速に加速した教育学分野では，学力格差・教育格差という造語を用いてその内実やメカニズムの実証的解明が進められてきた．その背景には，バブル経済崩壊後，未就学児のいる低年収世帯の急速な増加（若者の貧困），共働き化，父親所得の二極化等が進行し，1990年代後半からは，就学援助受給世帯が増える一方，私立小学校受験は首都圏で20％を超えるなど子育て格差がメディア等で紹介されるようになったことがある（山田，2009）．また，世帯収入は，1995年から10年間で全体的に減少傾向にあるのとは逆に，ゆとり教育の導入によって学校外教育費が増える等（片瀬・平沢，2008；後藤，2009），短期間における教育環境の変化が格差問題を顕在化させた．

以上のような学校教育内外のドラスティックな改革や変化が，2003年のPISAショックを引き金とした学力低下論争と相俟って格差研究が本格的に始動する．ここで，教育学分野における鍵概念を総括すると，学力格差とは，教育によって獲得される多様な各種資質・能力・態度・価値観等の内，客観的かつ大規模に測定しうる学力という側面に焦点化したSESに由来する「教育成果（結果）の不平等」を指す．これに対し，教育格差は教育機会へのアクセスにおける量的・質的不平等，即ち「機会の不平等」を包含するとともに，教育成果についても進路選択や学歴等幅広い成果をも含む教育における格差を総称する用語である．こうした用法に依拠すれば，「スポーツ格差」についても，広狭二義に解することができる．学力格差に対応する用語が体力・運動能力格差（以下，体力格差）であり，スポーツ格差の一側面である．

他方，教育格差にはスポーツ格差が対応する．

他方，社会疫学で用いられる健康格差は，SESないし社会階級・階層による健康水準の差異であり，正確には健康の社会的格差もしくは健康の不平等という表現が使用される（平岡，2010）．また，福田・今井（2007）によれば，健康格差は，Health inequalitiesではなくSocial inequalities in healthであり，unfair（不当）で，unjust（不公平）で，avoidable（回避的）で，unnecessary（不必要な），そして，背景となる社会構造，政策的・経済的・法的制度によって傷つきやすくなった人々に負担を与える健康の差異を意味する．既述の通り，（社会的）不平等は，格差よりも価値判断のニュアンスを含む語であり，健康格差とは誰の生命・生存・生活にとっても不可欠な健康資本が，不当に格差を生じさせている社会制度や仕組みを告発し，是正させようと迫る意図が明確に表れている．

以上，格差問題を研究対象とした先行分野における概念上のエッセンスを勘案し，子どものスポーツ格差という造語を次のように定義する．

「子どもが生まれ育つ家庭・地域・学校など生活環境の所与条件が原因となって生じる1）スポーツ機会へのアクセス（機会の不平等），2）運動・スポーツ習慣，3）運動・スポーツ活動への意欲，4）体力・運動能力水準等，スポーツ活動によって獲得されるアウトカム（結果の不平等），に関わる許容できない不公正な差異.」

「格差社会」が流行語となったことに端的に表れているように，一般的・世間的には「格差」という用語が好まれて消費されているが，事の本質はスポーツコミュニティにおける不平等・不公正さにある．

ところで，この概念定義について，1点補足しておきたい．本稿および拙書（2021）では，子どものスポーツをめぐるSESを原因とした格差・不平等問題，中でも体力格差に焦点を当てることを主眼としたために，上記の定義を採用した．しかし，現実のスポーツコミュニティ

（ムラ）には，この他にも多様で不当な格差が確認できる．例えば，生涯スポーツと競技スポーツの公費支出格差，スポーツ資源の地域間格差，体育事業の質をめぐる学校間・教師間格差，競技種目団体への助成金格差，指導者と選手の権力格差，スポーツをめぐるジェンダー格差や障害者にとっての不公正なスポーツ環境，近代オリンピックをめぐる諸格差（清水，2017）等々，おそらく枚挙に暇はないほど不公正な格差が棲み付いているに違いない．そうした様々な格差・不平等の現実を丹念に解明し，問題性の高さを価値判断する客観的材料を見出し，格差解消の方途を議論すること，そうした営為の弛まぬ努力の先に，スポーツにおける疎外の克服が見通せるのであろう．それは，スポーツコミュニティやスポーツ文化に巣食う多くの不公正な社会病理の分析・診断・治療行為である．

Ⅳ．なぜ見過ごされてきたのか？

1．日本社会における格差・不平等への鈍感さ

「スポーツ格差」という語は，未だ体育・スポーツ界では学術用語としも政策用語としても確立しているわけではない．他方，日本教育社会学会が編纂した『教育社会学事典』（2018）では，階層と教育をテーマとする独立した章が設けられ，教育機会格差や学力格差の問題性が相当の頁数を割いて解説されている．また，藤井（2019）による学力研究のシステマティックレビューによれば，パネル調査を含めすべての研究において，各種のSES指標と学力の間に関連があることが確認されている．こうして今や学力格差の存在は，学界だけでなく学校現場においても「定説」（苅谷，2012，p.30）・「常識」（志水，2019，p.3）となっている．

一方，英国において，1980年代に社会階層と健康に関する研究成果（英国保健社会保障省「健康に関する不平等」報告書）が公表されたのを契機に，社会階層と健康は，社会科学において現在最も注目を集めているテーマの1つとなっている．健康の社会的決定要因については，公衆衛生，社会疫学，経済学，心理学，社

会学等，多領域の研究者が取組み，膨大な数の研究成果が生み出され続けている．日本でも，1990年代以降社会階層と健康の問題が本格的に研究されるようになり，2000年代に入ると，欧米系研究者の著作が相次いで翻訳され，社会的関心も急速に高まった（神林，2013）．

政策面に目を転ずると教育格差への対応については，第2期教育振興基本計画（2013）から「学びのセーフティネット」が主要政策の柱となり，健康格差については，「健康日本21（第2次）」（2013）の中で，健康寿命の延伸と健康格差の縮小が健康行政の最優先的方針に位置づいている．さらに，国際的には1990年代から主として欧米で健康格差の縮小こそが公衆衛生の最重要な政策目標として掲げられているという（福田・今井，2007）．

以上のような他分野・領域における格差研究・格差是正政策の位置づけに比して，体育学・スポーツ政策分野における格差問題への認識はさほど高いようには思われない[注2]．そこでここでは，体育社会学を含む体育学全般が「SESとスポーツ」にかかわる重要な問題性への気づきがなぜ遅れてしまったのか，について考えてみたい．つまり，本節で問いたいのは，この問題に対する感度の鈍さが示す体育学（者）の研究姿勢である．学力格差研究の代表的な研究者である耳塚（2007，p.23）によれば，「爾来教育の不平等を中心的テーマとする教育社会学にとって，学力格差＝学業成績の社会階層間格差の測定とその説明は，教育機会の格差そのものとともに，中心的関心事だった」という．なぜ体育社会学では中心的関心事から外れてしまったのであろうか．

門外の筆者が紹介するのも烏滸がましいが，体育社会学領域では，1961年に開始した竹之下らのプロジェクト「わが国のスポーツ人口の構造とその変動についての研究」により，スポーツ人口と地域の産業構造や社会階層的構造との関連が分析され，学歴格差や地域間格差，企業格差が初めて暴かれた（竹之下，1961；Takenoshita，1963；竹之下・菅原，1963）．また，その後も多々納（1981）の「体力の社会的規定要因に関する研究」や丸山ら（丸山ほか，

1987；丸山・日下，1988）のスポーツ参与と社会階層に関する実証的研究等，スポーツにおける機会と結果の不平等を検証する優れた研究成果が報告された．さらに，藤原（1981，pp.25-64）は，社会的成層と余暇活動との関連を明らかにするため30歳以上の成人を対象にした調査を実施し，積極的・身体的余暇活動やスポーツ活動において高学歴＞低学歴という傾向が認められるものの，所得については統計的に有意な差はなかったと報告している．このように，SESとスポーツ活動や体力との関連性が精力的に検証されていた頃の時代背景は，高度経済成長期から一億総中流社会と称された経済生活の平等化を特徴としていた時期に行われたものであった[注3]．

その後，保健体育審議会答申（1997）による「子どもの体力・運動能力の二極化」の指摘が政策レベルで始まり，スポーツ振興基本計画（2006）では，「体力が高い子どもと低い子どもの格差が広がっている」ことへ言及するなど，子どもの身体資本が二極分化していることを問題視するようになる．さらに，日本学術会議子どもを元気にする環境づくり戦略・政策検討委員会（2007）は，「対外報告」の冒頭，「わが国の子どもは今，極めて危機的な状況にある．体力・運動能力の低下，肥満や糖尿病などの生活習慣病の増加，学力の低下だけでなく，意欲の低下，不登校や引きこもり，いじめやそれによる自殺など，『子どもの危機』とも呼ぶべき状況は，幼児から青少年まですべての段階においてみられる」と極めて異例の激しい警鐘を鳴らしている．しかしながら，二極化や子どもの危機が，SESに起因しているとの認識は見られず，実証的な研究も進展しなかった．

そもそもわが国では，国全体に浸透した一億総中流の幻想が，格差や不平等に鈍感な空気を醸成してきた傾向があり，このことが格差問題への気づきを遅らせた（藤田，1987；白波瀬，2009，p.251）．また，能力についての平等意識や，勤勉・努力を尊重する心性等，国民性に起因して，深いメリトクラシー（業績主義：何ができるかが重要な選抜基準となる社会）と自己責任論の内面化がみられる（天童・多賀，

2016）との指摘も的を得ている．さらに，これほど深刻化するまで「子どもの貧困」に光を当ててこなかった，というそのこと自体に「日本社会のありようや特質が映し出されている」（湯澤, 2010, p.67）との厳しい社会批判もある．

2. 教育社会学における省察

ところで，体育学の近接分野である教育学においても，学力格差への気づきが決して早かったわけではない．高度経済成長期以後，学力形成や学力格差の問題はそれほど深刻でないものとして周辺化されていたという（川口, 2019b, p.17）．日本の学力格差研究にいち早く着手した苅谷（1995）は，経済成長以前も以後もSESによって子どもの成績に格差が見られることは変わらない事実として確認されていたにも拘わらず，「階層と教育」問題を背後に追いやってきたのはなぜか，と問い，この疑問を解く鍵は，戦後日本社会に誕生した「大衆教育社会」注4）の成立にあるとみる．大衆教育社会では，形式的には誰もが等しく教育を受ける機会が与えられるため，メリトクラシーのエートスを，学校を通じて社会の隅々まで押し広げる．飽く迄も，子どもたちの学業達成は，公平・平等な教育機会に参加した子どもたちの「能力」と「努力」の結果（業績）であり，特定の階層や文化からは「中立的」であると見做される．こうして，出身階層の影響は隠蔽され，「できなかったのはがんばらなかったからだ」と子ども個人の努力と能力に帰着させる自己責任イデオロギーが強化されていく．

また，須藤（2009）は学力の階層差に関する実証研究が2000年代に入るまで殆どなされなかった理由について，1）学力の階層差に対する社会的関心の低さ，2）学力の階層差を示すことをタブー視する風潮，3）教育界における学力テストへの忌避感，4）学力の階層差を実証する良質なデータの不在を挙げている．とりわけ2）の学力と階層の関係をタブー視する「特別扱いをしない」学校文化（盛満, 2011）は，格差・貧困問題を不可視化させた大きな要因であったのだろう．

3. 体育学固有の問題

「なぜ見過ごされてきたか」についての教育学分野における以上の自己省察は，そのほぼ全てがスポーツ格差研究の遅れにも該当する．例えば，スポーツコミュニティほどメリトクラシー文化が頑強に浸透した世界は他にはなかろう．また近年急速に進む学問の専門細分化と相互無関心という縦割文化が他分野での研究成果に刺激を受け，気づきを生むことを阻害する内向き志向を形成してきたことも遠因ではあろう．加えてここでは，スポーツ格差を見過ごしてきた重要な2つの理由について特に取り上げておきたい．

第一に，「体力」に対する社会科学的関心の低さである．子どもの体力向上（身体の教育）は，戦後学校体育の再興期から一貫して体育政策の重要な目的の柱に位置づいてきた．また，体育の成果を図る唯一のナショナルデータ（全国体力・運動能力，運動習慣等調査）が長期にわたって収集・蓄積されている．スポーツ庁のWebサイトには，本調査の趣旨が次のように記されている．

「全国的な子供の体力・運動能力の状況を把握・分析することにより，国や教育委員会が，子供の体力・運動能力の向上に係る施策等の成果と課題を検証し，その改善を図ることや，学校が体育・保健体育の授業等の充実・改善に役立てる取組を通じて，子供の体力・運動能力の向上に関する継続的な検証改善サイクルを確立することを目的としています.」

体力テストのデータは，従来，研究者にクローズドであったが，令和5年度より個票データの提供制度が開始した．しかしながら今，どれほど多くの文系体育学研究者が自らの重要な研究リソースとしてこのデータセットを捉えているだろうか，甚だ疑問である．日本体育学会若手研究者育成委員会の調査報告書（2015）によれば，文系と理系では問題領域や研究テーマが見事に分断されていること（理系は競技力向上と健康に対する運動効果研究が大半であるのに対し，文系は学校体育の充実，スポーツの

普及，地域スポーツの発展，スポーツと人間形成，スポーツビジネスの振興などに細分化している）が明らかにされている．また，かつて筆者が実施した集計によると，体育学研究誌（1巻1号～63巻2号まで）に掲載された「体力」を研究題目に含む98論文の内，文系分野の研究は僅か4編（体育史2編，体育科教育学2編）であった．これらのことからも，体育学の文系分野においては，体力への無関心や体力を研究対象にすることをタブー視する風潮があるのではないかと推察する．そこには，昭和40年代に展開された「体力つくり体育≒運動手段論」への根強い忌避・反発がトラウマのように残存しているのかもしれない．川口（2019c）は，学力研究の課題を提起する中で，学校教育の効果を論じる際には，いったん「学力とは何か」という本質的問いをめぐる論争は「棚上げ」にし，学力調査によって数値化された点数（狭義の学力）をもとに精緻な分析を進めないと教育における不平等を見過ごす要因になると指摘する．「体力の問題は優れて社会学的分析対象でもある」（多々納，1981，p.38）との提言に，今こそ真摯に向き合うべきではなかろうか．

　第二に，佐伯（2005）や菊（2020）が指摘する「研究者の変えがたい身体性」や「体育人的パラダイム」とのかかわりである．社会学のみならず経済学や政治学といった社会科学は，不平等を探究することがその源泉にあるといってもよい（白波瀬，2009）と言われるほど階層による不平等は，普遍的な探究テーマである．しかし，両名共に体育社会学研究のあゆみを俯瞰した後，実践性への強い拘泥に導かれた政策誘導型研究が常に隆盛し，時々のトピックスに追随・浮遊する身体性を批判している（体育経営管理も同様）．この研究者の身体性や体育人的パラダイムこそが克服されなければならない体育学共通の「壁」ではないだろうか．かつて影山は，「現代スポーツにおいて，疎外と呼ばれるような現象が，実際にどのような形で示されているか，（中略）このような（スポーツのネガティブな：筆者注）側面についての研究やデータは，非常に少ないといわざるを得ない．このことは，これまでの体育・スポーツ研究が，

大部分，運動の効果，長所などに関することを中心にしてきたという理由によるのかも知れない」（影山，1977，p.161）と，体育学研究の偏向性を糾弾し，その存在が否定し難いほどに深刻化しているスポーツにおける疎外の実態を多角的に記述した．影山が指摘した体育学の特徴は，外部資金の獲得が研究継続にとって不可欠の要件となってしまった現在の体育学研究にもより強化されて残存しているのではあるまいか．

　また，前川（2011）は教育格差を現出させた背景に，日本型教育の構造的変化を挙げている．それは，わが国の子どもたちを広く公平に底上げしようとするボトムアップ型から，一部のエリートさえ育てばよいというプルトップ型教育システムへの切り替えである．スポーツコミュニティにおいても同様の構造転換が，スポーツ振興基本計画から開始された．国際競技力向上に向けた一貫指導システムの構築であり，その一環としての早期タレント発掘手法の開発である．こうして，「一部のエリート選手だけが育てばいい」というスポーツ界の深層に古くから沈殿していた「体育人的パラダイム」が公然と覚醒し，他方で，ボトムを幅広く受容することでスポーツ格差を抑制し続けてきた運動部活動の廃止策にまで連なっている．こうしたスポーツコミュニティのパラダイム転換なくして，スポーツ格差の解消は望むべくもない．

　戦後，経済的豊かさを求め続け経済大国となった日本社会のあり様に「真の豊かさ」という論点から再考を求めた暉岡（1995，p.57）は，次のようにエリートがリードしてきた社会を痛切に批判する．

「日本の教育の中でエリートといわれた人たちがなぜ社会のいきづまりを変革できないのか—日本の教育が持つ暗部だといえるでしょう．競争に勝ち抜いてきた人たちは，決して弱者には同情しません．またもっと違う道すじを新しく見つけることも苦手です．旧来のルールの中で勝ってきた人たちは，そのルールを変えることができないのです．」

　まさにこれが，スポーツ界にもある本質的な

悪弊でもあろう．スポーツ界をリードするのは，常に上昇志向で上ばかりを見てきた「勝ち組」の人たちであるのだから．

V．子どものスポーツ格差，その問題性

既述の通り，格差とはあってはならない不当な差であり，その差の価値判断がより強く強調されるとき，不平等・不公正と表現される．しかし，あらゆる差異が「悪」と判定されるわけではないし，告発性の度合も大小様々である．また，「格差は望ましくない」との平等主義的前提が，全ての人の議論の出発点として共有されているわけではなく，格差に対して多様な対立する見方が存在している（広田，2007）．ISSP（International Social Survey Program）の 2009 年調査によれば，日本人は所得や機会の格差への許容度が高いとされ，また，近年その傾向は高まっているという（村田・荒牧，2013）．また，「学校教育に対する保護者の意識調査 2018」（ベネッセ教育総合研究所）では，教育格差（所得の多い家庭の子の方が，よりよい教育を受けられる傾向）について，「当然だ」あるいは「仕方ない」と回答した保護者の割合が，2004 年調査の 46.4％から 2018 年には 62.3％と増加している．このように，差異に対する良悪の価値判断は不変ではない．特に，必ずしも一般的には万人にとって生活必需財とは見做されていないプレイ文化の 1 つとしてのスポーツにおける格差を，社会正義に関わる不公正として克服すべき社会課題と見做すか否かについては慎重な議論が必要であろう．そこで，ここではスポーツ格差の何が，なぜ問題なのかについて考えてみたい．

1．子どもにとってのスポーツ

子ども基本法や教育基本法によるまでもなく，子どもを育て，全人的発達を支えることは社会の営みである．「子どもの貧困対策の推進に関する法律」（2013）は，「子どもの将来がその生まれ育った環境によって左右されることのないよう（中略）子どもの貧困対策を総合的に推進すること（第 1 条）」を目的に制定された．ま

た，スポーツ基本法（2011）では，その前文でスポーツへのユニバーサル・アクセスの保障が明記されている．よって法的には，子どもの生まれ育つ家庭の SES によってスポーツ格差が際立ってしまうようなスポーツコミュニティは「善い社会」とはいえまい．そして，スポーツを権利として保障することを特に必要とするのが子ども期である．子どもがスポーツ機会にアクセスできないことは，多くの科学的エビデンスが示す通り，身体的・精神的・社会的発達を阻害するだけでなく，生存・生活権の侵害ともいえる相対的剥奪や社会的排除を引き起こす危険性が高い．

社会的排除研究に用いられる剥奪アプローチでは生活水準を左右する資源ではなく，直接的・多次元的に生活の「質」を測定する（阿部，2015）．具体的には，子どもたちにとって生活上不可欠であると思われる項目のリストを提示し，それらがどの程度必要かを問う調査をすることで，その社会における人々が共通して合意する「社会的必需品」を選定し，これらが奪われている状態を相対的剥奪と定義する．わが国でこの測定手法を初めて用いた調査結果が阿部（2008，pp.192-198）に報告されているが，当然のことながらスポーツに関わる項目は「スポーツ用品・ゲーム機などの玩具」1 項目と少ない．そこで筆者らは，「友だちと運動遊びやスポーツをすること」等，6 つのスポーツ関連項目を加え，計 26 項目について，「小学 6 年生が普通に生活する上でどのくらい位必要か」を保護者に質問した．その集計結果は，拙書（2021，pp.78-81）に掲載した通りだが，予想以上に調査対象者たちは，スポーツへのアクセスやそのための環境整備を子どもの生活必需品として高く認識していることが明らかとなった[注5]．では，スポーツのどこに・なぜ，子どもにとっての必需性があるのだろうか．

2．スポーツ格差による複合的不利

上記の問いへの回答は，明快である．子どもにとって，スポーツにおける機会と結果の不平等は，ライフ（生活・人生）全般への全面的な悪影響を被る危険に満ちているからである．子

どもスポーツの習いごと化・外部化・市場化がスポーツを有料化・高額化させ，結果として家庭の経済格差がスポーツ格差を生じさせた．しかし，そのこと自体がさほど大きな問題なのではない．問題は，スポーツ格差が子どもに対して多重的な不利の源泉になる可能性にある．まず，スポーツ参加の機会を奪われることは，子ども社会のメンバーシップを喪失し（深井，2008），このことが複合的な不利の経験を連鎖させる．

また，ライフ全般への負の影響はスポーツ機会への参加だけでなく，運動した結果得られる体力等の諸能力からも受けることになる．拙書（2021, pp.82-88）で紹介した体力水準と学校満足度・孤独感・休み時間の過ごし方との関連を分析した結果を見れば，低体力児が，学校生活で一人孤立し，孤独に過ごす様子が想像できるに違いない．その姿は，貧困層の子どもたちの学校体験（阿部，2012a）や貧困層の子どもの特徴（盛満，2011）と見事に重なる．即ち，経済資本・文化資本・社会関係資本等の貧困は，身体資本の貧困と関連し合って，子どもの生活全般にダメージを与え，そのことが彼・彼女らの将来生活にも影響を及ぼすこと，そして，そうした複合的不利が世代を越えて再生産されてしまうであろうことは想像に難くない．

さらに近年，子どもの体力・運動能力が認知能力（学力）及び非認知能力と関連していることを検証した研究結果が報告されるようになってきている．例えば，Pfeifer and Cornelißen（2010）は，German Socio-Economic Panel を分析し，スポーツ活動が非認知スキル（自尊心，競争心，粘り強さ，動機づけ，規律と責任）を発達させることを明らかにしている．また，わが国においても，実測された体力・運動能力及び学力データを用いて，認知能力（中野ほか，2021；大坪ほか，2024）及び非認知能力（春日，2020；中野，2023）との関連が分析され，いずれも有意な関係が報告されている．このように，「体力は，人が知性を磨き，知力を働かせて活動をしていく源」であり，「生活をする上での気力の源でもあり」，よって「体力は『生きる力』の極めて重要な要素となるもので

ある」という中教審答申（2002）の記載内容は，行政権力（供給側）の単なる願望ではなく，科学的検証を経た真実である．この意味でスポーツは，子ども期を生きる人たちにとってニーズやウォンツであり，単なる贅沢への欲望ではない．そしてスポーツ機会を全ての子どもたちに供給する体育という営みは，社会的共通資本 3 類型[注6]（宇沢，2000）の中の制度資本とされる教育の範疇に含まれる[注7]．よって，スポーツへの普遍的アクセスを保障する開かれたスポーツシステムの管理は，今後も公的もしくは非営利の専門職団体が担うことが望ましい．

3. 幼少期からのスポーツ格差と拡大再生産

教育・学力格差，健康格差，発達格差（阿部，2011b；池田・青柳，2011；喜多ほか，2013）に関わる諸研究では共に，未就学期から SES による有意な格差が確認されている．中西（2017）は，学力のパネルデータを用いて，1）学力の加齢に伴う変化，及び 2）学力変化と SES の関連性，について分析し，初期に獲得した学力がその後の学力形成に影響するため学力格差は早期に形成され，その後，拡大していくことを明らかにしている．次に，健康格差について Case et al.（2002）と Currie and Stabile（2003）は，アメリカ，カナダのパネルデータを用いて子どもの健康格差を検証し，格差は子どもの年齢が上がるに連れて拡大すること，そしてこの拡大は，高所得層の子どもたちが健康になっていくからではなく，低所得層の子どもたちの健康が悪化することによるものであると報告している．

このように，幼少期に形成された学力や健康の格差が，成長と共に縮小することなくむしろ拡大することが多くの研究者によって共通して強調されてきた知見である（数実，2007；須藤，2009, 2013；内田，2017；川口，2019a）．また，同じく幼児であっても，幼稚園児と保育園児では学校外教育活動の活動率や活動の多様性の程度が異なる（幼稚園児の方が活動率も多様性も高い）ことがわかっている（ベネッセ教育総合研究所，2013）．未就学期は，このように家庭の影響に加えて所属する保育・教育機関に

よって格差が生じやすい環境にある．さらに，全国学力・学習状況調査を活用した国立大学法人お茶の水女子大学（2014）の分析結果によれば，小6と中3のデータを比較する限り，小学生の方が子どもの学力が保護者の行動や関わり方に強く規定されており，子どもの年齢が低い方が家庭のSESの影響が強いことを示唆している．そして，筆者らの分析結果では，体力についても幼児期の段階でSESによる有意な差が確認されている（清水，2021，p.93）．以上，子どもの諸格差に関わる実証的研究の知見を踏まえれば，人生初期の段階でつくられてしまうSES格差を幼少期のできるだけ早いタイミングで最小限に抑える積極的な公的格差是正策が有力である[注8]．

しかし，これまで体育学の研究対象及び制度としての体育・スポーツの振興に関わる営みは，就学後の学校体育や地域スポーツに集中しており，就学前の幼少期におけるスポーツ環境の在り方については，特定の専門領域以外はほとんど関心を向けてこなかった．このため，格差対策に最も重要な幼少期において，家庭によるスポーツ投資への依存比率が高まれば，さらにスポーツ格差は拡大することが懸念される．

4．複合的要因に起因する機会と結果の不平等：格差の連鎖

子どもの貧困は，経済資本の欠乏だけでなく，非金銭的な文化資本，社会関係資本，情報資本，教育資本そしてスポーツ資本等々，幅広い資源と機会の貧困を含む「複合的な剥奪」（湯澤，2010，p.68）である．また，経済格差は，教育格差や生活習慣格差を招き，これを介して間接的に健康格差にいたる「格差の連鎖」ともいうべき状況（関根，2010）を引き起こす．よって，格差・貧困対策において，安直な経済的支援だけでは問題の本質は改善・解決されない．

また，人の「学力」はその人物の経験の総体から導き出される（志水，2005，p.26）とされるが，体力も同じであろう．つまり，家庭のSESによる機会不平等が多様な経験の格差を生み，これが様々な子どもたちの潜在能力（セン，1999，pp.115-139）の格差，即ち結果の

不平等へ導く．拙著（2021，pp.128-129）で報告した低体力児（総合評価D．E段階）の育つ家庭背景の特徴をみれば，家庭の総合的な資源が欠乏していることは明らかである．つまり，体力・運動能力に恵まれない子どもとは，様々な特性の家庭に広く分散しているのではなく，特定の包括的な貧困家庭に集中している．但し，その中でも特に社会関係資本と文化資本（学歴など）の重要性を指摘する研究が多い．

関根（2010）は，ひとり親世帯であっても学校との交流や親子間・親同士の交流の促進により，「社会の絆」を強めることでSESによる健康への負の影響を小さくする可能性を示唆している．確かに，地域のスポーツクラブ等への子どもの入会は，親にとってもネットワーク形成の機会となりコミュニケーションチャンネルの拡充など社会関係資本の獲得に影響する．しかし，ひとり親世帯の子どもが地域クラブに参加することには様々な障壁があり親は躊躇せざるを得ないのも現実であろう．

5．学歴とスポーツ格差

先にも述べた通り，格差論議の中では特に「所得」要因に焦点が集まりがちである．吉川（2006）は，こうした「経済決定論」（家庭の経済格差が格差社会の原点）に異を唱え，SESの中でも階層差を生み出す主成分は上下（高卒層と大卒層）に分断された学歴であるとみる．親の学歴こそが，公認された正規の格差生成装置であり，どれだけ経済支援や負担軽減をしたとしてもそれだけでは，格差問題の解決には結びつかない可能性がある．この学歴主成分論（特に母学歴）を支持する論者は，教育格差・健康格差共に少なくない（後藤，2009；片岡，2009；湯澤，2010；Yamamoto，2015；中西，2017；平沢，2018；Matsuoka，2019）．

教育と健康格差の関連性に着目した研究（梶谷・小原，2006；佐藤，2017；小塩・菅，2020）の成果を総括すれば，学力格差を起点とした因果関係（学歴格差→所得格差→機会格差→健康行動→健康・学力・社会的地位・職業達成等の格差）が理論モデル化される．即ち，教育こそが格差生成・拡大装置となっていると

いうのである．拙著で報告したスポーツ格差の分析結果（清水，2021，pp.96-103）においても，両親の学歴は子どもへのスポーツ投資（学校外スポーツ費），地域スポーツクラブ等への参加そして子どもの体力とも強固に結びついていた．

　以上のように，家庭の経済的なインプットよりも学歴が，健康意識や健康行動，子育て意識や子どもへの投資行動（スポーツ投資を含む）等に大きな影響力を及ぼすことは度々確認されている．しかし，このことが格差問題の解決を困難にさせる．格差問題が経済問題なのであれば，困窮家庭への経済的支援等を手厚くすることで改善することが可能だが，学歴という，人々が20年以上かけて手にした教育歴は，簡単にはコントロール不可能である．低学歴層に対するどのようなアプローチが子どものスポーツ格差を是正させられるのか，体育学単独ではとても手に負えない難題かも知れない．

VI．スポーツ格差に学界はどう挑むか

1．スポーツ格差に関わる学術的知見の生産

　貧困・格差・不平等といった社会病理は，意図的に作られた社会のしくみに根ざしている（阿部，2012b）．教育格差やスポーツ格差も，家庭という私的領域に依存しすぎた自助社会のしくみに多くは起因する．だからこそ，政策理念や制度設計をつくり変えることで不平等の程度はコントロールすることができる（白波瀬，2009）．現に，子どもの貧困率は，2012年の16.3％から2021年には11.5％と徐々に改善している（厚生労働省国民生活基礎調査）．これには，子どもの貧困対策の推進に関する法律（2013），子供の貧困対策に関する大綱（2014）そして各自治体における子どもの貧困対策計画の策定など，制度設計と行政施策等々が多大な貢献をしているに違いない．そして，こうした子どもを中心とする社会設計への政治的転換には，格差・貧困問題をめぐるエビデンスの蓄積が欠かせない．日本学術会議基礎医学委員会・健康・生活科学委員会合同パブリックヘルス科学分科会（2011）「提言　わが国の健康の社会

格差の現状理解とその改善に向けて」は，健康格差に関する5つの課題を挙げているが，その一つが，健康の社会格差に関する研究の不足であった[注9]．また，既述した教育政策や健康政策の分野において，2010年代から格差是正政策に積極的に財政投資されるようになったのは，教育学（主として教育社会学と教育経済学）及び社会疫学における膨大なエビデンスの蓄積と理論化の努力にあったことに相違ない．

　こうした他分野の歩みと同様に，スポーツ格差が僅かでも是正されるためには，科学的知見の大量生産をベースにしながら，アカデミズムとジャーナリズムからの情報発信を通じた国民の認知・理解を広げ，多くの人々がスポーツ格差を不公正と認識し，「この状況は改善されるべきだ」とするイデオロギーの高揚（佐藤・木村，2013，p.324），社会規範の醸成が不可欠である．世界レベルで格差論に火をつけた社会疫学者リチャード・ウィルキンソン（ウィルキンソン，2009；ウィルキンソン・ピケット，2010，2020）によれば，格差は，貧困層の個人だけでなく，社会全体を蝕み全ての人に悪影響を及ぼす．格差・不平等は，ソーシャル・ウェルビーイングの観点からも「善い社会」ではないとする社会的合意をエビデンスベースで創り上げねばならない．

　しかしながら，教育と健康の分野に比して，スポーツ格差はその存在すら未だ実証された「疑いのない社会的事実」の域にも達していない．体育学の学界が今できること，しなければならないことは，まずもって，説得力のあるエビデンスを生産し，子どものスポーツ格差の全貌を可視化することであろう．しかしながら，とりわけ，子どもや保護者を対象とした調査データは，近年，倫理問題が立ち塞がるため，研究者個人では容易には取得不能である．また，学力格差の研究成果（耳塚，2007；川口，2019a）が教えるようにSESと格差の関連は，地域によって一様ではない（格差は大都市圏で大きい）．よって全国レベルでの大規模なデータセット，しかも就学前段階の幼児を含んだパネルデータが必要となる．確かに既述の通り，体力・運動能力テストのナショナルデータは

オープン化された．しかしながら，SESや家庭の文化資本・社会関係資本等のデータとリンクしなければ格差の精緻な分析には及ばない．学力格差の検証に当たっては，TIMSS・PISAのように，自由に二次分析に利用可能な学力調査が蓄積されていることが，研究の進展に貢献している（川口，2019c）．体力格差やスポーツ格差についても，国際比較可能な様々な子ども関連データを連結することで各国の子ども政策との関連を分析し，さらに理論化[注10]を進めることで，有益なインプリケーションに結実させることが求められる．

2．ソーシャル・ミニマムの基準設定

スポーツ格差は，スポーツ問題や教育問題であるだけでなく，社会問題（社会の仕組みに由来する問題）である．但し，スポーツをめぐるあらゆる格差を解消し，スポーツにおける完全平等を公共政策に求めようとするものではない[注11]．即ち，「どんな」スポーツ格差を「どの程度まで」公的に是正する必要があるのかを厳密に議論する必要がある．

格差問題は，単純化すれば上層と下層の開きの大きさであるが，最大の問題は下層（貧困層）がどれだけいるかということにある（橘木，2008）．相対的剥奪研究によれば，所得にはある「閾値」があって，それを超えて所得が落ちてしまうと剥奪度合いが急激に増える（阿部，2008，p.202）．例えば，川口（2006）の学力格差研究によれば，どの教科においても，「文化階層高」と「階層中」の差よりも，「文化階層中」と「階層低」との差の方が大きい．つまり，SESの厳しい層の学力が特に落ち込んでいるという．また，Kondo（2010）は，不健康な状態になる確率は，所得五分位や四分位の最下層（下位20-25%）で極端に高まるという推定結果を得ている．体力についても所得最下層の家庭背景を持つ子どもで極めて低いという同様の傾向が認められている[注12]（清水，2021，pp. 92-96）．これらのことから，家庭SESとスポーツへのアクセスや体力の形成との関連は，線形ではない．ある一定水準を下回った者により強く負の影響を及ぼす．

現代における新しい貧困の特徴は，経済生活の基礎的平準化が達成された豊かな社会における「新しい」不平等（小内，2009，p.252）であり，しかも，貧困が不可視化されやすく「見えない貧困」であることにある．このため，相対的貧困が強調され，貧困基準を定めて貧困を可視化する試みが国際的広がりを見せている．スポーツ格差対策の検討においても，子どものスポーツライフと体力の貧困層を判断する貧困基準を設定すること，換言すれば，全ての子どもに最低限保障すべきソーシャル・ミニマムを設定することが，学界には第一義的に求められる．そして，このミニマムを下回る子どもを少なくすることこそ，スポーツの公共政策や学校体育の重要な「効果」として検証されることが肝要である．

これまで体力テストの結果は，学校毎に平均値が算出され，全国平均や県平均と比較したり，都道府県ランキング等によって一喜一憂するという程度の扱いが多かった．しかし，体力や学力の平均点は，学校や教育行政による努力の結果ではなく，校区の地域SESに強く規定されているとすれば，安直な平均点（体力水準）の比較は，その後の改善策にほとんど意味を持たないことになる．体力問題を体力水準に焦点化させ「平均値神話」に惑わされるのではなく，ソーシャル・ミニマムを下回る子どもたちに特化した対策（ハイリスク・アプローチ）を公的保障として無償化することが原則である．

ところで，ソーシャル・ミニマムの社会的合意は，その社会で提供される教育が影響している．現在，その存在感が薄れているように見える「体育」という営みは，スポーツの主権者を育てるという側面を持つ．どの程度のスポーツ格差は許容し，どこまで格差が広がれば許容できないのか，また，どのような機会・結果の不平等は許容してはならないのか等といった格差観（主観的格差）は，スポーツを人権としてどの程度大切にした人が育てられているかによる部分がある．従って，格差をどのように感じるか，格差にどのように対するべきかという問いに対する社会的態度は，体育による主権者教育の重要な成果であるとする認識が体育人には求

められる.

3. スポーツ経済学を核とした体育学の分野再編

「学術の動向とパラダイム転換」（日本学術会議第3常置委員会，1997）は，21世紀を目前に控え，学術の動向と課題を踏まえたパラダイム転換への長期的展望を報告した．そこでは，1）社会的問題状況の変化に応じた研究の社会的価値の強調，2）社会的価値を高めるための「総合化」，3）専門分野の「再編成」が提起された．また，日本学術会議子どもを元気にする環境づくり戦略・政策検討委員会（2007）の対外報告では，子どものための研究分野は極めて専門的・個別的に分化し多岐に渡るため，それらの専門的知見を子どもの健全な成育を促す全体環境を形成する構想に統合する力は不十分であり，学術横断的視点や学術的知見の総合化を強く求めている．体育学においても，「社会のための学術」を標榜するのであれば，学会設立80年を期に，専門領域の総合化戦略と，新たな専門領域を核とした学的体系の再編成を検討する必要があるのではないか．そして，本稿では総合化のための新たな専門領域としてスポーツ経済学の新設とこれをハブとした体育学文系分野の協働化を提唱したい．

不思議なことに，体育学には経済学ディシプリンが存在しない[注13]．他方，同じく総合・学際学である医学には医療経済学が，教育学には教育経済学が，農学には農業経済学が，そして文化科学には文化経済学などの応用経済学が総合学の中でハブ的機能を果たしている．例えば，文化経済学は，他の専門学（文化政策学，文化社会学，アートマネジメント，文化資源学等々の社会科学分野）の研究者が集う共有地（プラットホーム）となっているという．

経済学とは，経済事象（財の生産・分配・消費という一連の過程）をめぐる思想と法則を研究する学問である．今から100年以上前，経済学者河上（2016）は，総量としての富の増大を専ら目的とする現代経済体制の都合の良い一面だけに照射する近代経済学に異を唱え，貧乏退治の経済学を目指した．氏が「社会の病」と表する貧乏の根本的原因は，誰もが必要とする生活必需品が適切に生産されず，裕福な人たちが消費する贅沢品の生産に生産力が奪われていること，そして，生産された富が平等・公正に分配されていないこと，の2点にあり，こうした生産と分配の適正化こそ経済学の使命だとする．特に，近代経済学が疎かにしてきた分配問題（どんな財をどのくらい生産するかという分配と生産された財を人々にどのように分配するかという分配）を強調している点に特徴がある．

本稿で主題とした子どものスポーツ格差は，冒頭でも述べた通り，「スポーツ機会とスポーツ資源」（スポーツ財）の不平等・不公正な生産と分配の問題に帰着する．即ち，スポーツに関わる経済制度や仕組みを背景としたスポーツ経済事象の歪みなのである．例えば，スポーツの市場化（プロフィットセンター化）とは，スポーツ財の供給における第2セクター（民間営利セクター）の比重を高めることであり，必然的に家庭という私的領域への負担に依存したスポーツライフを強要することになる[注14]．他方，総合型地域スポーツクラブなどのNPO（新しい公共）は，第3セクター（民間非営利セクター）という共助・互助を基軸とした日常的スポーツ財の生産セクターと解することができる．

スポーツ経済学では，どんなスポーツ財を，誰（社会経済セクター）が，どれくらい生産し，それを誰にどのように分配すれば，スポーツの普遍的アクセスを可能とし，生涯スポーツと競技スポーツの相乗的・調和的発展に有効か，という問いへの最適解（スポーツ経済のしくみ）を考究する．加えて，スポーツプロモーションの社会的意義・価値を示すために，スポーツ推進が社会全体にもたらす外部性（外部経済と外部不経済）を精密に検証することも大きな研究課題であろう．なお，詳細なスポーツ経済学の理論体系については今後の検討課題としたい．

VII. おわりに：
格差からウェルビーイングへ

本稿は，子どものスポーツ格差の問題性とこの問題に挑む学界の役割について議論してきた．既述の通り，格差の解消＝スポーツにおける平

等・公正化は，スポーツにおける（を通じた）個人と社会のウェルビーイング向上に通じている．つまり，格差とウェルビーイングはコインの表裏関係にある．

各種の国際比較調査によると，わが国の子どもたちのマクロな特徴は，学力は高いが幸福感がかなり低い（松下，2009，p.57）という点にある．例えば，ユニセフ報告書「レポートカード 16」（2020）では，子どもの幸福度総合順位で 38 か国中 20 位，精神的幸福度は 37 位であり，とりわけ生活満足度については最下位であったという．また，今年 1 月 30 日には，昨年の小中高生の自殺者数が 527 名で，過去最多であったことが報道された．今のわが国が抱える深刻な問題であり，「体育・スポーツ・健康に関わる諸活動を通じた個人の幸福と公平かつ公正な共生社会の実現に寄与することを目的とする」（体育学会定款第 3 条）体育学にとっても看過することはできない．

体育学は，子どものスポーツ格差というネガティブな問題を解決することと同時に，より多くの子どもたちがスポーツへの公正な参加機会と利益を得て，豊かなスポーツライフを保障し，延いてはウェルビーイングなスポーツコミュニティを形成することに寄与する知見を生産し続けることを期待したい．加えて，公費を受けて研究活動を生業とする多くの体育学研究者たちは，「誰のため」の「何のための」研究か，という根源的問いに，改めて真摯に向き合うことを願わざるを得ない．

注

注1) ロールズによる正義原理は，繰り返し修正が重ねられている．ここでは，「公正としての正義 再説」（2004, p.75）から格差原理を引用しておく．「社会的・経済的不平等は，次の 2 つの条件を満たさなければならない．（中略）第二に，社会的・経済的不平等が，社会のなかで最も不利な状況にある構成員にとって最大の利益になるということ」．

注2) 第 3 期スポーツ基本計画では，新たな視点として，スポーツに誰もがアクセスできることが追加され，具体的には，性別や年齢，障害，経済・地域事情等の違い等によって，スポーツの取組に差が生じない社会を実現するとしているが，そのための具体的な施策は講じら

れていない．

注3) 研究面でなく政策面でも体力格差に関わる指摘が早くからみられる．わが国の実質的に体育・スポーツ振興政策の起点となった 47 答申（保健体育審議会）では，青少年の体力について体格の向上にもかかわらず体力はこれに伴って向上していないこと，勤労青少年では，体格・体力共に同年齢層の生徒・学生に比べて劣っており，特に中小企業に働く者の体力が低い傾向があることを問題視している．

注4) 大衆教育社会とは，教育が量的に拡大し，多くの人々が長期間にわたって教育を受けることを引き受け，またそう望んでいる社会である（苅谷，1995，p.12）．

注5) 例えば，「友達とスポーツをすること」「運動遊びができる公園」「好きなスポーツをすること」は「病院に行くこと」「子ども用の本」と同程度に必要だと回答しており，「大学までの教育」や「誕生日プレゼント」よりも高い．

注6) 社会的共通資本とは，「一つの国ないし特定の地域に住むすべての人々が，豊かな経済生活を営み，すぐれた文化を展開し，人間的に魅力ある社会を持続的，安定的に維持することを可能にするような社会的装置」（宇沢，2000，p.4）である．社会的共通資本には，自然環境，社会基盤（インフラ），制度資本の 3 類型がある．宇沢（2013，pp.216-217）は，制度資本の中でも教育をとても重要視しているが，子どもの運動・スポーツへの文化ニーズを育て，体を育てる体育はこの定義に適った社会的共通資本の 1 つであると考える．

注7) ここでは，子どもにとってのスポーツの必需性を示す意味で社会的共通資本概念を用いたが，阿部（2008，p.226）は，より直截に「教育の必需品」と表現している．

注8) 公的な就学前教育としては，米国の低所得家庭に対する「ヘッドスタート」（1965 年～）や英国の「シェア・スタート」（1999 年～）等の包括的教育プログラムが先進例である（小林，2009）．

注9) 具体的には，SES と健康との関係を媒介する心理的・生物学的要因の解明に関する研究の不足を挙げている．また，社会学，経済学のみならず，医学，公衆衛生学を含めた学際的な視点から推進される必要があるとしている．

注10) 藤田（1987）は，家庭背景による学力格差生成の説明理論として，知能遺伝説，家庭環境説，学校教育過程説，文化的不連続説，機会構造説の 5 つに大別している．

注11) 誰もがオリンピアンやプロスポーツ選手を目指せたり，北国でマリンスポーツに，南国でも雪上スポーツに気軽にアクセスできるスポーツ環境を公的に整備する必要はない，ということには大方の合意が得られるであろう．

注12) 国立大学法人福岡教育大学（2017）による文部科学省委託事業報告書でも，低SESであるほど体力テストの総合点が下がる傾向があることが示されている．

注13) スポーツ経済学が構想されなかった背景には，わが国の体育学は，教育の範疇である体育を対象とした学問として出発したため，「カネ」が絡むイメージを想起しがちな経済学という学問は，忌避・嫌悪されたのではないかと推察する．

注14) 格差が生まれる根源には市場メカニズムの原理そのものが関わっているのだから格差を防ぐには市場メカニズムの外に対応策を求める必要がある（伊丹，2008）．

文　献

阿部彩（2008）子どもの貧困—日本の不平等を考える．岩波書店．

阿部彩（2011a）弱者の居場所がない社会—貧困・格差と社会的包摂．講談社．

阿部彩（2011b）子どもの健康格差は存在するか：厚労省21世紀出生児パネル調査を使った分析．IPSS Discussion Paper Series（No.2010-J03）．

阿部彩（2012a）「豊かさ」と「貧しさ」：相対的貧困と子ども．発育発達研究，23：362-374．

阿部彩（2012b）子どもの格差—生まれた時から背負う不利—．橘木俊詔編，格差社会．ミネルヴァ書房，pp.53-71．

阿部彩（2015）貧困と社会的排除の測定．社会と調査，14：12-19．

ベネッセ教育総合研究所（2013）学校外教育活動に関する調査2013 研究レポート3 保育園児と幼稚園児の園外教育活動の特徴．

ベネッセ教育総合研究所（2018）学校教育に対する保護者の意識調査2018．

Case, A., Lubotsky, D., and Paxson C.（2002）Economic status and health in childhood: The origins of the gradient. The American Economic Review, 92（5）：1308-1334.

中央教育審議会（2002）子どもの体力向上のための総合的な方策について（答申）．

Currie, J. and Stabile, M.（2003）Socioeconomic status and child health: Why is the relationship stronger for older children? The American Economic Review, 93（5）：1813-1823.

藤井宣彰（2019）学力研究のシステマティックレビュー　国内編．志水宏吉監修，川口俊明編著，日本と世界の学力格差．明石書店，pp.27-38．

藤田英典（1987）「階層と教育」研究の今日的課題．教育社会学研究，42：5-23．

藤原健固（1981）スポーツ指向と社会．道和書院．

深井英喜（2008）社会的排除概念の検討．社会福祉学評論，8：1-14．

福田吉治・今井博久（2007）日本における「健康格差」研究の現状．保健医療科学，56（2）：56-62．

後藤憲子（2009）子育て家庭の世帯収入の減少と子育ての現状．家族社会学研究，21（1）：21-29．

樋口明彦（2004）現代社会における社会的排除のメカニズム．社会学評論，55（1）：2-18．

久富善之（2007）特集テーマ〈「格差」に挑む〉について．教育社会学研究，80：5-6．

平岡公一（2010）健康格差研究の動向と社会学・社会政策領域における研究の展開の方向．お茶の水女子大学人文科学研究，6：135-148．

平沢和司（2018）世帯所得・親学歴と大学進学．中村高康ほか編，教育と社会階層．東京大学出版会，pp.107-128．

広田照幸（2007）教育社会学はいかに格差—不平等と闘えるのか？．教育社会学研究，80：7-22．

池田孝博・青柳領（2011）正規分布からの乖離性に基づく幼児期における運動能力の二極化．発育発達研究，53：23-35．

伊丹敬之（2008）経済的格差と市場メカニズム．組織科学，41（3）：11-21．

伊丹敬之・網倉久永（2008）特集「格差の諸相」に寄せて．組織科学，41（3）：2-3．

影山健（1977）現代社会におけるスポーツ．影山健ほか編，国民スポーツ文化．大修館書店，pp.139-212．

梶谷真也・小原美紀（2006）有業者の余暇時間と健康投資．日本労働研究雑誌，552：44-59．

神林博史（2013）社会階層と健康．理論と方法，28（1）：17-20．

苅谷剛彦（1995）大衆教育社会のゆくえ．中央公論新社．

苅谷剛彦（2001）階層化日本と教育危機．有信堂．

苅谷剛彦（2012）学力と階層．朝日新聞出版．

苅谷剛彦・志水宏吉（2004）学力の社会学．岩波書店．

苅谷剛彦・志水宏吉・清水睦美・諸田裕子（2002）調査報告「学力低下」の実態．岩波書店．

苅谷剛彦・山口二郎（2008）格差社会と教育改革．岩波書店．

片岡栄美（2009）格差社会と小・中学校受験．家族社会学研究，21（1）：30-44．

片瀬一男・平沢和司（2008）少子化と教育投資・教育達成．教育社会学研究，82：43-59．

春日晃章（2020）全国調査から読み解く体力と学力の関係—体力の高い子どもは学力も高い！？—．体育科教育，68（3）：20-24．

川口俊明（2006）学力格差と「学校の効果」—小学校の学力テスト分析から—．教育学研究，73（4）：28-40．

川口俊明（2019a）日本の学力研究の現状と課題．日本労働研究雑誌，53（9）：6-15．

川口俊明（2019b）序章．志水宏吉監修，川口俊明編著，日本と世界の学力格差．明石書店，pp.15-22．

川口俊明（2019c）日本の学力研究の動向．福岡教育大学紀要第4分冊，68：1-11.

河上肇・佐藤優訳（2016）現代語訳　貧乏物語．講談社.

数実浩佑（2017）学力格差の維持・拡大メカニズムに関する実証的研究―学力と学習態度の双方向因果に着目して―．教育社会学研究，101：49-68.

菊幸一（2020）体育社会学の再生を求めて．年報 体育社会学，1：1-13.

喜多歳子・池野多美子・岸玲子（2013）子どもの発達に及ぼす社会経済環境の影響．北海道公衆衛生学雑誌，27：33-43.

小林美津江（2009）格差と子どもの育ち〜家庭の経済状況が与える影響〜．立法と調査，298：86-98.

国立大学法人福岡教育大学（2017）児童生徒や学校の社会経済的背景を分析するための調査の在り方に関する調査研究.

国立大学法人お茶の水女子大学（2014）平成25年度全国学力・学習状況調査（きめ細かい調査）の結果を活用した学力に影響を与える要因分析に関する調査研究.

Kondo, K.（ed.）（2010）Health Inequalities in Japan：An Empirical Study of Older People. Kyoto University Press and Trans Pacific Press.

前川史彦（2011）日本における教育格差〜プルトップ型教育がもたらしたもの〜．香川大学経済政策研究，7：65-85.

丸山富雄・日下裕弘（1988）一般成人のスポーツ参与と社会階層．仙台大学紀要，20：19-36.

丸山富雄・菅原禮・日下裕弘（1987）スポーツ参与者の階層構造に関する研究．仙台大学紀要，18：11-23.

Matsuoka. R.（2019）Concerted cultivation developed in a standardized education system. Social Science Research，77：161-178.

松下佳代（2009）能力と幸福，そして幸福感―その背景と系譜―．子安増生編，心が活きる教育に向かって―幸福感を紡ぐ心理学・教育学―．ナカニシヤ出版，pp.37-60.

耳塚寛明（2007）小学校学力格差に挑む だれが学力を獲得するのか．教育社会学研究，80：23-39.

耳塚寛明編（2013）学力格差に挑む．金子書房.

盛満弥生（2011）学校における貧困の表れとその不可視化―生活保護世帯出身生徒の学校生活を事例に―．教育社会学研究，88：273-294.

村田ひろ子・荒牧央（2013）格差意識の薄い日本人〜ISSP国際比較調査「社会的不平等から」〜．放送研究と調査，2013年12月号：2-13.

中西啓喜（2017）学力格差拡大の社会学的研究．東信堂.

中野貴博（2023）子どもの身体活動と非認知能力との関係．子どもと発育発達，21（1）：25-31.

中野貴博・清水紀宏・春日晃章（2021）児童の体力・運動能力と運動への態度，学校生活，学力お

よび保護者の子育て態度との関係．発育発達研究，90：18-27.

日本学術会議第3常置委員会（1997）学術の動向とパラダイム転換.

日本学術会議基礎医学委員会・健康・生活科学委員会合同パブリックヘルス科学分科会（2011）提言 わが国の健康の社会格差の現状理解とその改善に向けて.

日本学術会議子どもを元気にする環境づくり戦略・政策検討委員会（2007）対外報告 我が国の子どもを元気にする環境づくりのための国家的戦略の確立に向けて.

日本教育社会学会編（2018）教育社会学事典．丸善出版.

日本体育学会政策検討・諮問委員会「若手研究者育成」小委員会（2015）体育系若手研究者の生活・研究・就職および職場環境に関する現状と課題―日本体育学会若手会員への調査報告書―．https://taiiku-gakkai.or.jp/wp-content/uploads/2015/10/2015.10.6_Wakatekennkyuusyasyoureiiinnkai.pdf，（参照日2025年2月14日）.

日本体育学会スポーツ振興基本計画特別委員会（2011）スポーツ振興のあり方について（提言2010）．https://taiiku-gakkai.or.jp/oshirase/oshirase_zyuyo7_zenbun.pdf，（参照日2025年2月8日）.

小内透編（2009）教育の不平等．日本図書センター.

小塩隆士・菅万理（2020）学歴は中高年の健康をどこまで左右するか．経済研究，71（3）：259-274.

大坪健太・春日晃章・山次俊介・中野貴博（2024）多角的分析から見る小学生の体力と学力の関係性および影響を与える習慣．体育学研究，69：59-72.

Pfeifer, C. and Cornelißen, T.（2010）The impact of participation in Sports on educational attainment：New evidence from Germany. Economics and Education Review，29（1）：94-103.

ロールズ：田中成明ほか訳（2004）公正としての正義　再説．岩波書店.

佐伯年詩雄（2005）体育社会学研究の半世紀：そのあゆみから，課題を展望する．体育学研究，50：207-217.

佐藤一磨（2017）学歴が健康に与える影響―大学進学は健康を促進するのか―．社会保障研究，2（2.3）：379-392.

佐藤嘉倫・木村敏明編著（2013）不平等生成メカニズムの解明．ミネルヴァ書房.

関根道和（2010）格差社会と子どもの生活習慣・教育機会・健康―社会の絆で格差の連鎖から子どもを守る―．学術の動向，2010年4月：82-87.

セン：池本幸生ほか訳（1999）不平等の再検討―潜在能力と自由．岩波書店.

志水宏吉（2005）学力を育てる．岩波書店.

志水宏吉監修，川口俊明編著（2019）日本と世界の

学力格差. 明石書店.

清水紀宏（2011）提言「スポーツ振興基本計画2010」. 体育の科学, 61（1）：27-33.

清水紀宏（2017）オリンピックと格差・不平等. 体育・スポーツ経営学研究, 30：29-41.

清水紀宏（2021）子どものスポーツ格差―体力二極化の原因を問う. 大修館書店.

白波瀬佐和子（2006）変化する社会の不平等. 東京大学出版会.

白波瀬佐和子（2009）日本の不平等を考える. 東京大学出版会.

須藤康介（2009）学力の階層差に関する実証研究の動向. 東京大学大学院教育学研究科紀要, 49：53-61.

須藤康介（2013）学校の教育効果と階層. 東洋館出版社.

スポーツ庁（online）全国体力・運動能力, 運動習慣等調査. https://www.mext.go.jp/sports/b_menu/toukei/kodomo/zencyo/1368222.htm, （参照日2月20日）.

橘木俊詔（2008）格差社会. 組織科学, 41（3）：4-10.

多々納秀雄（1981）体力の社会的規定要因に関する考察. 健康科学, 3：37-53.

竹之下休蔵（1961）わが国におけるスポーツ人口の構造とその変動についての研究（計画と方法）. 体育の科学, 11：547-550.

Takenoshita, K.（1963）Social factors affecting sports participation. Japan Journal of Physical Education, Health and Sport Sciences, 7（4）：10-20.

竹之下休蔵・菅原禮（1963）スポーツ人口にみられる地域格差. 東京教育大学体育学部紀要, 3：45-59.

天童睦子・多賀太（2016）「家族と教育」の研究動向と課題. 家族社会学研究, 28（2）：224-233.

暉岡淑子（1995）ほんとうの豊かさとは―生活者の社会へ―. 岩波書店.

Townsend, P.（1974）Poverty as Relative Deprivation. In：Wedderburn, D.（ed.）Poverty, Inequality and Class Structure. Cambridge University Press, pp.15-41.

内田伸子（2017）学力格差は幼児期から始まるか？―経済格差を超える要因の検討―. 教育社会学研究, 100：108-119.

ユニセフ・イノチェンティ研究所（2020）レポートカード16 子どもたちに影響する世界：先進国の子どもの幸福度を形作るものは何か. https://www.unicef.or.jp/library/pdf/labo_rc16j.pdf, （参照日2025年2月24日）.

宇沢弘文（2000）社会的共通資本. 岩波書店.

宇沢弘文（2013）経済学は人々を幸福にできるか. 東洋経済新報社.

ウィルキンソン：池本幸生ほか訳（2009）格差社会の衝撃. 書籍工房早山.

ウィルキンソン・ピケット：酒井泰介訳（2010）平等社会. 東洋経済新報社.

ウィルキンソン・ピケット：川島睦保訳（2020）格差は心を壊す 比較という呪縛. 東洋経済新報社.

山田昌弘（2009）経済の階層化と近代家族の変容―子育ての二極化をめぐって―. 家族社会学研究, 21（1）：17-20.

Yamamoto. Y.（2015）Social class and Japanese mother's support of young children's education：A qualitative study. Journal of Early Childhood Research, 13（2）：165-180.

吉川徹（2006）学歴と格差・不平等. 東京大学出版会.

湯澤直美（2010）家族の階層化と貧困の世代的再生産―自助努力の制度的要請と家族をめぐる排除―. 教育学研究, 77（1）：67-70.

（2025年2月25日 受理）

学校外教育空間における子どものスポーツと格差：

経済資本・文化資本・地域要因を中心に

片岡　栄美

Emi Kataoka: Children's sports and inequality in extracurricular educational spaces: Focusing on economic capital, cultural capital, and regional factors. Annu. Rev. Sociol. Sport. Phys. Educ.

Abstract: This article examines the relationship between children's sports activities and social class through the theoretical framework of Pierre Bourdieu. Using data from the Tokyo Metropolitan Mothers Survey 2023, it analyzes the impact of family economic capital, cultural capital, and regional factors on disparities in sports participation. Furthermore, Multiple Correspondence Analysis (MCA) is employed to construct a spatial representation of children's extracurricular education strategies, positioning sports participation relative to other extracurricular activities such as private lessons and academic tutoring.

The findings indicate that sports participation is strongly influenced by parental economic capital, with higher household income correlating with increased participation rates. Significant disparities are also observed based on parental educational capital and Father's occupation, affecting children's access to extracurricular educational experiences. Moreover, extracurricular participation varies by gender, with boys more likely to engage in sports and girls favoring cultural and artistic activities. Regional disparities are also evident, as urban areas provide and utilize a greater diversity of educational opportunities compared to rural regions.

The transition of school-based club activities to community-based programs is expected to increase financial burdens on parents, thereby exacerbating existing inequalities in sports participation. These findings suggest the need for policy interventions, such as financial assistance programs for low-income families and educational policies that promote cultural diversity and equitable access to extracurricular activities.

Key words: sports participation, social class, Bourdieu, multiple correspondence analysis, community transition of school club activities

キーワード：スポーツ参加，社会階層，ブルデュー，多重対応分析，学校部活動の地域移行

Ⅰ．教育格差と学校部活動の地域移行

　教育格差が社会問題として話題になる中で，スポーツもその例外ではない．さらに教育関係者の関心は，学校部活動の地域移行によって子どものスポーツ参加機会はどのような影響を受けるのか，家族の負担にどのような影響がでる

のかという点にも向いている．学校部活動の地域移行問題は，主に教師の働き方の負担軽減問題や地域スポーツ振興の観点から導入されてきた．その視点も重要だが，スポーツ活動に参加する子どもの体験格差と家庭の格差問題，さらには地域格差の問題として客観的に検討する必要がある．

　上記の問題関心から，本稿は 2023 年 3 月に

駒澤大学文学部社会学科
〒 154-8525　東京都世田谷区駒沢 1-23-1
連絡先　片岡栄美

Department of Sociology, Komazawa University
1-23-1 Komazawa, Setagaya-ku, Tokyo 154-8525
Corresponding author arusoiera@gmail.com

実施した「首都圏母親調査2023」を用いて子どものスポーツ経験の社会格差に関する基礎資料を提供することを目的とする.

第1に,本稿ではピエール・ブルデューの理論を援用し,家族の子育て(戦略)空間と社会空間の中で,スポーツ参加が他の習い事や学校外活動との関係でどういった相対的位置づけにあるのかを明らかにしつつ,子どものスポーツ経験の格差問題を明らかにする.すなわち家庭の経済資本,文化資本,地域要因に着目して検討し,家庭の学校外教育戦略全体の中でのスポーツの位置と格差を検討する.そして第2に,分析結果から,教育政策の変更や拡充によって,さらに子どものスポーツ参加の社会階層差が拡大する可能性とスポーツも含めた子どもの学校外活動について,広い視点から今後の課題を検討する.

Ⅱ. ブルデュー理論と家族の教育戦略からみるスポーツ参加

1. ブルデューの「戦略」概念とスポーツへの嗜好

本稿は,子どものスポーツ参加を,子どもと家族にとっての「教育戦略」であるとともに「ライフスタイル選択」であるという視点から扱う.ここで戦略という言葉は,意図的で計画的なものばかりを意味するのではなく,ブルデュー理論の観点からすると,むしろ本人も気がついていない無意図的選択あるいは選択とは考えてもいない行為を含んでいる(Bourdieu, 1979).

たとえば日本では男子がスポーツ活動を女子より多く経験し,女子は芸術文化活動の習い事を男子よりも多く経験するという「文化のジェンダー構造」が時を超えて再生産され続けていることが知られている(片岡, 2003, 2005).スポーツ参加のジェンダー差は子育て戦略の中で今でも受け継がれており,社会のジェンダー構造や男性支配の再生産に寄与していると指摘されてきた(Bourdieu, 1998;片岡, 2024).

これらは親や子ども達が自覚的に選択した結果であるというだけでは説明がつかない.むし

ろ親や子どもたちは社会秩序に合うように,無意識のうちにスポーツや芸術文化を選ぶ側面がある.たとえば男子へのスポーツの奨励や女子の芸術文化嗜好もジェンダー秩序と符合する点が多く,人々は無意識的に秩序に賛同して選び取っているという現実がある.そして持てる資源や資本が少なく選択できないという状況の中では,「スポーツは自分が好きではないからやらない」というように,人は自分に与えられたものを好きになるという形で秩序を承認することになることが多いのである(Bourdieu, 1979).

本稿がブルデュー理論と多重対応分析[注1]を用いることの意義は,次節にも示すようにスポーツ参加を単一で分析するのではなく,他の活動の中の選択肢の一つとして扱い,教育戦略や広い意味でのライフスタイル選択として捉えることで,スポーツ活動をすることの多様な社会的意味[注2]や社会空間の中での位置や関係性を明らかにできるからである.

2. 学校外教育戦略空間と階層差

子どものスポーツ参加は,その参加形態や所属団体が多様で,学校部活動と民間団体主催のスポーツ活動,地域型スポーツ活動などがある.それ以外にも子どもは,他の習い事や学習塾など多様な学習機会の中の一つとしてスポーツを選択している.あくまでスポーツ参加は,学校部活動を含む多様な学校外学習機会の中からの選択肢の一つである.

本稿の分析の特徴は,第1に,子どものスポーツへの興味・関心を他の趣味活動と比較するとともに,スポーツへの参加経験を他の習い事や学習塾等の学校外教育全体の中に位置づけることにある.後者は,いいかえれば学校外教育空間の中でのスポーツの位置を明らかにすることである.第2に,親の社会階層変数や地域環境との関連で,いいかえれば社会的位置空間(=社会空間)の中で,子どものスポーツ参加の格差問題を位置づけ考察する.分析対象となるのは,「子どものスポーツ参加経験」「スポーツへの興味・関心の有無」「スポーツへの費用支出」および「家族の学校外教育戦略」であり,これらにいかなる階層差やジェンダー差,

地域差があるのか，その実態を把握する．

III．先行研究

　日本における子どものスポーツ参加と格差に関する研究の歴史は比較的浅い．ベネッセ教育研究開発センター（現：ベネッセ教育総合研究所）が 2009 年以降，一連の学校外教育調査を実施したことが契機になり，たとえば片岡（2010）は子どものスポーツ活動の主な規定要因が世帯年収と親のスポーツ嗜好であることを明らかにした．同様の調査を用いた研究に，西島ほか（2012）などがある．そしてスポーツの格差についての代表的な研究としては，子どものスポーツ体験や体力の格差を多面的に明らかにした清水編（2021）の研究がある[注3]．

　この方面の研究の方向性は，スポーツを中心的に取り上げて格差を検討する方向と，学校外教育の一つとしてスポーツ経験を位置づける方向がある．格差の要因も経済格差，文化資本格差のほか社会関係資本格差（宮本，2023）への言及などがなされてきた．

　スポーツには限定されないが，学校外教育に関する研究では松岡（2016）や子育て空間に着目した川口（2020）がある．片岡は「首都圏子どもの教育に関する実態調査 2006」を行い，子育てや子どもの活動の階層差について詳細な研究を行なった（片岡，2018；片岡編，2008）．主に教育社会学の分野で，これら以外にも多くの研究が蓄積されてきた．

　しかし他の学校外教育や学習機会といった学校外教育戦略空間の中で，スポーツが誰に選択されているのかという視点や子どものスポーツ経験が他の教育経験とくらべて格差が大きいのかどうかなど，学校外教育内での相対的位置関係について明確化した研究はこれまでほとんどなされていない．本稿はその部分に焦点をあてる．

IV．調査方法とデータ

1．調査方法

　本稿で用いるデータは，筆者を研究代表とする共同研究グループが 2023 年 3 月に実施した「首都圏母親調査 2023」である．調査対象は，首都圏（関東 1 都 6 県＋山梨県）に在住の「3 歳〜中学 3 年生の母親」であり，大規模のオンライン・モニターを対象に Web 調査で実施した．有効サンプルは全体で 2,831 名であるが，今回の分析対象は，小学生と中学生の子どもを持つ母親 2,067 名とした[注4]．

2．データの特性

　「首都圏母親調査 2023」の小・中学生を持つ親データの特性をまとめておこう．子どもは男子が 1,110 名，女子が 957 名，小学生の母親1,377 名（全体の 66.6％），中学生の母親 690 名（33.4％）であった．子の学年別のサンプル数は，各学年 220 名〜 240 名前後で偏りは小さい．

　地域別比率は，東京都 31.9％，神奈川県23.5％，埼玉県 16.9％，千葉県 14.5％，茨城県 5.5％，栃木県 3.4％，群馬県 3.1％，山梨県1.2％であった．また母親の就業形態は，「パート・アルバイト・臨時雇用」が 36.7％と最も多く，次いで「無職（専業主婦含む）」が全体の 33.5％，「正社員・正規職員」は 19.9％，「契約社員・属託・派遣社員」は 4.6％だった[注5]．

　母親の学歴構成は多い順に，四年制大学39.6％，短大・高専 19.5％，専門学校 18.9％，高校 17.1％，大学院修士以上 3.8％，中学校1.1％である．世帯年収は平均 770 万円だが，最頻値 550 万円，中央値 650 万円で，全体の分布は注に示した[注6]．ただし母親個人年収は平均 170 万円で，最頻値・中央値ともに 103 万円であった．世帯年収 400 万円未満が14.1％，400 万以上 600 万未満が最も多く26.1％，600 万以上 800 万未満が 21.7％，800 万以上 1,000 万未満が 18.6％，1,000 万円以上は全体の 19.4％であった．また地域変数には，居住地市町村区の人口規模を 5 段階に分類して変数化した．

　ちなみに子への親の進学期待を集計すると，「4 年制大学以上を子に期待する親の比率」には世帯収入や父母学歴による格差があり，400 万円未満の家庭（n ＝ 289）の 4 大以上期待率は 54.7％だが，1,000 万円以上の家庭（n ＝396）では 95.8％だった．

Ⅴ．子どもの興味・関心の対象にみる格差とスポーツ

　子ども達はスポーツ活動にどのくらい興味・関心を持っているのだろうか．調査では，「一番上のお子さんは，何に興味を持っていますか．関心を持っているもの全て選択して下さい」と質問し，表1に示す多様なカテゴリーから，複数選択で選んでもらった．

　学年によっても子どもの興味・関心の対象は変化するが，「スポーツ活動」を選んだ親は，中学1年生の親でもっとも高く30.3％であり，どの学年でも2割以上の子どもたちがスポーツに関心があることがわかる．小・中学生全体では，「ゲーム」がもっとも多く61.9％で，次に「動画視聴」61.4％で，スポーツは8つの選択肢のうち，5番目で多いとはいえないが，どの学年でも一定の人気があることがわかる．

　表2は，子どもの興味・関心が母学歴によって異なることを示した結果であり，有意な関連性が多く見てとれる．母親が「高校以下」と「専門・短大・高専」の子どもは，「ゲーム」と「動画視聴」に6割以上が関心を示しているが，「大学院」レベルの高学歴母親の場合は，これらの項目で興味を持つ子どもは約4割と低くなる．「アイドル」への関心も「大学院」母では「高校以下」の母親の半分である．逆に高学

表1　子どもの興味・関心の対象（複数回答）

Q.　一番上のお子さんは，何に興味をもっていますか．関心を持っているもの全て選択して下さい．

複数選択	小・中学生全体	小学校1年生	小学校2年生	小学校3年生	小学校4年生	小学校5年生	小学校6年生	中学校1年生	中学校2年生	中学校3年生
アイドル	11.3%	6.6%	8.4%	5.9%	11.3%	10.1%	12.1%	16.4%	16.4%	14.5%
ゲーム	61.9%	51.0%	61.8%	67.7%	70.9%	68.0%	66.1%	62.6%	52.9%	57.7%
アニメやマンガ	47.0%	43.2%	47.0%	53.6%	46.9%	49.6%	49.1%	47.9%	41.8%	44.5%
動画視聴	61.4%	61.3%	57.0%	64.5%	55.9%	58.8%	62.9%	68.9%	61.3%	62.1%
楽器演奏や作曲	12.9%	16.9%	14.9%	11.4%	10.8%	11.8%	11.6%	11.3%	15.6%	11.5%
戸外で遊ぶこと	33.2%	61.7%	51.0%	43.6%	38.0%	38.2%	25.4%	15.1%	12.0%	11.5%
スポーツ活動	25.5%	24.7%	28.9%	21.8%	23.9%	26.8%	23.7%	30.3%	26.2%	22.9%
その他	10.3%	10.7%	12.0%	11.4%	11.7%	10.1%	12.9%	5.9%	8.4%	9.3%
選択率合計	263.6%	276.1%	281.1%	280.0%	269.5%	273.2%	263.8%	258.4%	234.7%	234.0%

表2　子どもの興味・関心と母学歴

一番上のお子さんは，何に興味をもっていますか（MA） **p＜.01，*p＜.05	母親学歴			
	高校以下 （n＝373）	専門・短大・高専 （n＝787）	4年制大学 （n＝812）	大学院 （n＝79）
アイドル	12.3%	13.0%	9.5%	6.3%
ゲーム**	69.2%	63.5%	59.4%	40.5%
アニメやマンガ	48.8%	46.5%	47.9%	39.2%
動画視聴**	66.0%	61.5%	61.7%	40.5%
楽器演奏や作曲**	10.2%	10.7%	15.8%	20.3%
戸外で遊ぶこと**	33.0%	27.7%	39.0%	32.9%
スポーツ活動**	17.7%	24.9%	29.9%	27.8%
その他**	6.7%	8.6%	11.8%	25.3%
選択率合計	263.8%	256.4%	275.0%	232.9%

学校外教育空間における子どものスポーツと格差　25

歴母の子どもは，スポーツ活動や楽器演奏など
に興味を示す割合が，他のカテゴリーよりも約
10％高くなる．

　次に，表3は世帯収入による子どもの興味・
関心の格差を集計した結果である．スポーツ活
動への関心は，「1,000万円以上」でもっとも
高く35.4％となる．スポーツについては，世
帯年収の格差のほうが母学歴による格差より大
きいので，家庭の経済資本が子どものスポーツ
への関心と関連しやすいことがわかる．そして
他のジャンルでは，世帯収入差よりも，母学歴
による差が大きい．

　さらに表4では，子どもの父親の職種によ
る差は「アニメやマンガ」「その他」のみで有意
だが，管理職と保安職の父親の場合に，子ども

のスポーツ活動への関心が高い．この点につい
ては，父親職種によるスポーツ実践や嗜好との
関連性が推測できる[注7]．

　以上をまとめると，子どもの興味・関心のレ
ベルで親の文化資本や経済資本，そして一部の
父親の職種による格差が生じていた．とくにス
ポーツへの関心は，家庭の経済資本の差が反映
されやすい．これについては，後半での多変量
解析によって再確認を行う．

VI. 学校外教育とスポーツ体験の社会格差

1. 世帯収入による格差

　表5は，「これまでにお子さんを通わせたこ
とのある（あるいは現在通わせている）習い事

表3　子どもの興味関心の対象と世帯年収

一番上のお子さんは，何に興味をもっていますか（MA）**p＜.01, *p＜.05	世帯年収					
	0～199万円	200～399万円	400～599万円	600～799万円	800～999万円	1,000万円以上
アイドル	8.1%	11.9%	12.2%	11.1%	10.6%	11.4%
ゲーム**	62.9%	64.8%	66.5%	62.5%	61.7%	53.3%
アニメやマンガ	51.6%	46.3%	49.2%	48.1%	44.6%	45.7%
動画視聴	64.5%	65.6%	64.2%	61.9%	55.7%	60.1%
楽器演奏や作曲**	9.7%	5.7%	11.5%	16.3%	12.7%	16.4%
戸外で遊ぶこと	22.6%	30.8%	34.3%	33.0%	34.8%	35.1%
スポーツ活動**	11.3%	22.5%	21.7%	23.5%	27.4%	35.4%
その他	4.8%	11.5%	7.9%	10.2%	12.9%	11.4%
選択率合計	235.5%	259.0%	267.4%	266.4%	260.4%	268.7%

表4　子どもの父親の職種による興味・関心の差異

一番上のお子さんは，何に興味をもっていますか（MA）**p＜.01, *p＜.05	配偶者（父親）の職種							
	経営	管理	専門	事務	販売	サービス	保安	技能工・生産工程・農林漁業
アイドル	19.1%	8.8%	9.3%	10.9%	12.3%	11.0%	8.0%	12.0%
ゲーム	51.1%	58.2%	61.2%	59.2%	64.7%	64.6%	66.0%	65.5%
アニメやマンガ*	34.0%	40.0%	48.5%	46.4%	53.9%	57.3%	46.0%	45.5%
動画視聴	61.7%	58.8%	59.1%	64.9%	56.4%	61.0%	60.0%	63.2%
楽器演奏や作曲	4.3%	15.9%	14.9%	14.3%	12.3%	12.2%	14.0%	10.2%
戸外で遊ぶこと	27.7%	31.8%	33.7%	31.3%	33.3%	35.4%	40.0%	36.8%
スポーツ活動	14.9%	**31.8%**	24.6%	27.2%	27.5%	26.8%	**32.0%**	24.5%
その他*	19.1%	11.8%	12.0%	10.2%	9.8%	4.9%	12.0%	8.0%

表5 習い事や学校外クラブ経験率と世帯収入格差

世帯収入別の検定 **p＜.01，*p＜.05	過去および現在の経験率			世帯年収別の経験率						下位と上位収入のオッズ比
	小・中全体	小学生の経験	中学生の経験	199万以下	200～399万	400～599万	600～799万	800～999万	1,000万以上	
武道（柔道，剣道，空手，合気道など）	9.8	8.6	12.2	4.8	8.8	10.0	8.6	8.4	13.4	2.79
スポーツクラブや地域のスポーツチームなど（水泳含む）**	51.0	48.3	56.4	32.3	41.9	42.6	56.7	56.2	59.8	1.85
体操教室（トランポリンなど）**	23.5	24.6	21.3	14.5	19.4	19.4	23.7	24.8	31.3	2.16
バレエ**	6.0	5.8	6.5	0.0	4.0	3.8	7.2	5.0	10.9	(10.9)
ダンス・リトミック*	15.6	15.5	15.8	16.1	15.9	13.0	12.9	16.9	20.7	1.29
ピアノ・バイオリンなどの音楽教室・個人レッスン**	29.7	29.3	30.3	16.1	15.9	21.8	34.3	34.6	40.2	2.50
絵画教室や造形教室**	5.4	5.7	4.8	0.0	3.1	2.8	7.2	4.7	9.6	(9.6)
科学・理科教室やプログラミング教室**	6.7	6.7	6.7	1.6	0.9	4.5	5.6	6.9	14.4	9.00
習字・書道**	12.8	11.5	15.4	3.2	11.9	10.4	12.2	12.4	19.2	6.00
そろばん**	7.5	6.3	10.0	4.8	5.3	4.0	6.8	8.2	14.4	3.00
生け花・茶道・日本舞踊・琴・三味線など**	1.5	1.1	2.2	0.0	1.3	0.9	1.6	0.3	3.3	(3.3)
英会話教室・語学学校**	21.0	20.1	22.8	12.9	13.7	14.5	19.4	24.8	33.1	2.57
幼児向けの英会話教室**	9.5	9.9	8.6	3.2	7.5	6.8	6.8	11.3	15.9	4.97
その他　具体的に	13.8	15.2	11.2	14.5	10.1	13.7	15.3	15.6	13.4	0.92
何も習わせたことはない**	11.8	12.6	10.1	33.9	21.6	18.1	7.4	7.4	3.3	−10.3

注）世帯収入のオッズ比で（ ）内数値は，「199万以下」の経験値0％を1％と変換して計算した推定値，マイナスのオッズ比は逆方向の格差を意味する.

や，学校外のクラブはありますか（複数選択）」の質問に対する14種類の経験率を示し，世帯収入格差に関してχ^2検定とオッズ比も算出した．このうちスポーツ経験は「武道（柔道，剣道，空手，合気道など）」と「スポーツクラブや地域スポーツチームなど（水泳を含む）」「体操教室（トランポリンなど）」が該当し，他は芸術文化系と学習系の習い事である．小・中学生の全体では51％が「スポーツクラブや地域のスポーツチームなど（水泳含む）」に参加しており，小学生が48.3％，中学生が56.4％の参加率である．「武道」経験は全体の9.8％で男子に多かった．「体操教室（トランポリンな

ど）」は全体で23.5％の経験率であった.

表5のほとんどの項目で世帯収入の経験率格差が生じており，とくに収入の少ない家庭の子どもの習い事等経験率は低く，年収「199万円以下」では「何も習わせたことはない」が33.9％と高い（オッズ比△10.3）．子どものスポーツ経験や習い事の機会が，経済格差の影響を受けて低所得層で剥奪される現実は，もっと知られるべきであろう.

「武道」と「その他」を除くすべての活動で有意な統計的差異（χ^2検定）が生じていたが，武道が統計的に有意でなかった理由は明確ではない．しかし，武道への参加は年収1,000万円

以上では13.4％と相対的に高く，199万円以下の家庭では4.8％と少なく，オッズ比でも2.79で格差がないとはいえない状況である．

世帯収入格差のオッズ比は，項目ごとに199万円以下世帯と1,000万以上世帯の経験率のオッズ比を算出した．最も高いオッズは「バレエ」の10.9（推定値[注8]），「絵画教室・造形教育」9.6（推定値），「科学・理科教室やプログラミング教室」9.0で，次いで「習字・書道」の6.0であった．スポーツクラブ経験のオッズ比は1.79，体操教室も2.16と低いほうで，親たちは収入が少なくとも子どものスポーツ活動を奨励してスポーツ活動をさせていることがわかる．具体的には，世帯年収が199万円以下であっても，32.3％の家庭で子どもを「スポーツクラブや地域スポーツチームなど（水泳を含む）」に参加させており，200万〜299万円層でも41.9％と比較的スポーツへの参加率の世帯年収差は他の活動に比べて小さい．つまり，経済格差はあるものの，子どものスポーツ参加には積極的な親が多く，他の習い事よりも優先していると判断できる．

また図1は「スポーツクラブや地域のスポーツチームなど（水泳含む）」経験率を，より詳細な世帯年収区分で再集計した結果である．とくに103万円以下の家庭での経験率が16.7％と極端に少なく，子どもの発達や機会格差の問題として貧困の影響を軽減するのに，どの層に優先的に注目しなければならないかを示す根拠となるだろう．

2．スポーツ経験および習い事体験の地域差

次に地域の人口規模が子どものスポーツ体験や習い事への参加にどの程度の影響があるかをみておこう．表6は地域ごとの参加率を算出したもので，13項目の具体的な習い事やスポーツクラブ経験率のうちの10項目で統計的に有意差（χ^2検定）が生じていた．また「何も習わせたことがない」子どもの率にも地域差があり，人口5万人未満の市町村でやや高くなる（16.1％）．東京23区は，多くの項目で参加率が最大となっていた．

「スポーツクラブや地域のスポーツチームな

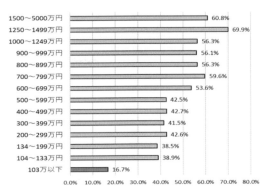

図1 世帯収入と「スポーツクラブや地域のスポーツチームなどへの参加率（水泳含む）」

ど（水泳を含む）」では地域差が生じていなかった．ほかにも「習字・書道」「生け花・茶道・日本舞踊・琴・三味線など」は選択率が低いからか地域差は生じていない．しかしそれ以外の多くの項目で地域差があり，「体操教室（トランポリンなど）」「バレエ」「ダンス・リトミック」「ピアノ・バイオリンなどの音楽教室・個人レッスン」「絵画教室や造形教室」で地域人口格差による参加率の大きな差異が生じており，概して，人口5万未満で率が低下する項目が多い．その多くが文化芸術に関する習い事でもあった．

また多様な学校外教育の参加項目数の全体平均は2.0個で，地域別には東京23区が最も多く平均2.56個，政令指定都市で2.01個，人口15万人以上の市町村で1.93個，人口5万人以上15万人未満の市町村で1.6個，5万人未満の市町村で1.6個であり，23区内の小・中学生1人あたりの参加個数は最も多かった．

3．スポーツ費用の規定要因とスポーツ活動の場所・設置者の重要性

表7は，小・中学生のスポーツ活動への家庭支出費用（0円〜15万円の幅を持つ）の規定要因を重回帰分析で行なった結果である．

結論からいうと，次の要因で有意な差が生じていた．①男子であること，②子どもの学年が低い，③母親の年収が高い，④世帯収入が高い，⑤子の数が多いほどスポーツ支出が多い，⑥夫

28   片岡

表6　スポーツ経験と習い事の地域差

これまでにお子さんを通わせたことのある（あるいは現在通わせている）習い事や，学校外のクラブはありますか。（複数選択）**p＜.01，*p＜.05	地域の人口規模					χ²検定
	東京23区	政令指定都市	人口15万人以上の市町村	人口5万人～15万人未満	人口5万人未満の市町村	
武道（柔道，剣道，空手，合気道など）*	13.2	9.3	9.8	6.2	11.3	p＜.05
スポーツクラブや地域のスポーツチームなど（水泳含む）	52.8	50.7	49.9	50.4	53.2	n.s.
体操教室（トランポリンなど）**	28.3	25.4	22.9	20.8	11.3	p＜.001
バレエ**	13.4	6.0	4.0	2.3	3.2	p＜.001
ダンス・リトミック**	21.5	17.9	14.4	10.5	8.1	p＜.001
ピアノ・バイオリンなどの音楽教室・個人レッスン**	37.5	29.3	28.2	25.4	25.0	p＜.001
絵画教室や造形教室**	9.2	5.2	5.3	2.8	1.6	p＜.001
科学・理科教室やプログラミング教室**	10.8	6.2	6.8	3.6	3.2	p＜.001
習字・書道	15.6	12.6	12.1	11.1	12.9	n.s.
そろばん**	11.3	8.2	6.8	4.4	5.6	p＜.01
生け花・茶道・日本舞踊・琴・三味線など	2.6	1.0	1.9	0.5	0.0	n.s.
英会話教室・語学学校**	26.9	21.9	20.2	16.5	16.1	p＜.01
幼児向けの英会話教室**	13.0	7.6	10.5	5.9	10.5	p＜.01
何も習わせたことはない**	11.8	13.8	15.0	13.4	16.1	p＜.001

の学歴が短大・高専・専門学校，⑦夫が専門職ではない，⑧夫の学歴が大学院，の8要因でスポーツへの支出に差が生じていた．居住地域の人口規模の効果はなかった．

　社会階層変数との関連でいうと，スポーツに関してはジェンダーと親の経済資本，さらに親の学歴などの文化資本による差異が明確である．この分析では父親の学歴が有意で母親本人の学歴は有意になっていないが，クロス集計では母親学歴によっても多くの活動で経験率に差が生じていた．

　なかでも「父親が専門職」の場合にスポーツ支出が少なくなるという結果の意味は，専門職層はスポーツに教育投資を優先的にはしないからである．後の分析でも言及するが，ブルデューもいうように知識人層はスポーツではな

く学習への投資を優先させるという教育戦略をとる傾向がある（Bourdieu, 1980）．これはフランスだけでなく，日本でも当てはまる普遍的な現象であるということがわかった．

　またベネッセ教育総合研究所の調査結果からスポーツ参加の設置者を小学生と中学生で比較すると，小学生のスポーツ参加先は民間経営が61.3％で，自治体や公益法人の利用は11.3％，地域ボランティア経営が9.6％と少なく，民間経営のスポーツクラブ（とくにスイミング）などが中心であるが，中学生になると学校部活動が68.4％と多くを占め，民間経営が15.6％と逆転することが知られている（ベネッセ教育総合研究所，2017）．そして小学生のスポーツ参加に親は多くを支払うが，中学生での家庭の費用負担が急激に低下することも明らかにされて

学校外教育空間における子どものスポーツと格差　29

表7　「スポーツ教室やスポーツクラブにかける費用」の規定要因

$R^2 = .109$　Adjust. $R^2 = .100$ $**p < .01, *p < .05$	非標準化係数		標準化 係数 ベータ	有意確率
	B	標準誤差		
（定数）	1.945	0.209		0.000
子ども男子ダミー**	0.374	0.078	0.108	0.000
子どもの学年**	−0.122	0.015	−0.186	0.000
子どもの人数**	0.205	0.052	0.090	0.000
居住地域の人口規模	−0.038	0.035	−0.026	0.274
母親4大以上ダミー	0.153	0.119	0.044	0.197
母親短大高専専門ダミー	0.106	0.113	0.030	0.350
父親大学院ダミー*	0.338	0.164	0.061	0.039
父親4大卒ダミー	0.147	0.112	0.042	0.190
父親短大高専専門ダミー**	0.382	0.122	0.087	0.002
母・専業主婦ダミー	−0.098	0.093	−0.027	0.291
母親年収**	0.001	0.000	0.151	0.000
世帯年収**	0.000	0.000	0.091	0.001
父親専門職ダミー*	−0.237	0.119	−0.064	0.047
父親経営管理ダミー	0.111	0.149	0.021	0.459
父親事務ダミー	−0.108	0.139	−0.022	0.439
父親販売ダミー	−0.102	0.146	−0.019	0.485
父親サービスダミー	−0.140	0.201	−0.017	0.487
父親保安ダミー	−0.047	0.249	−0.004	0.849

学歴ダミー変数のベースは父親，母親ともに「高卒以下」
父親職種ダミー変数のベースは「技能工ほか労働者階層」

いる.

　学校部活動の地域移行が拡大すると，学校部活動ではない民間経営へのスポーツ参加が増加して，必然的に親の経費負担の増大が予想できる．それは，スポーツ参加の機会の格差をさらに広げることにつながると予想できる.

VII.　学校外教育戦略空間と 社会空間の多重対応分析

　次に小学生・中学生の習い事やスポーツ参加，学校外学習への参加に関して，総合的な視点で把握するために，学校外教育戦略空間を多重対応分析（Multiple Correspondence analysis：MCAと略）を用いて析出した（図2）.
　MCAに用いた変数は，各種の習い事やスポーツ経験，学校外学習を参加／非参加で2値化した変数で，記号「1」は各カテゴリーへの非参加者の重心ポイントを示している．図では

「非参加」はすべて「1」で統一して表した．ただし「習い事なし」はどの習い事にも参加していない層の重心ポイントである．同様に「学習系なし」はいずれの学習系の学校外教育にも参加していない層の重心ポイントを示し，いずれも次元1（横軸）のプラス方向に位置している．そして「1」の多くのカテゴリーが中心（0）付近とその右側（次元1のプラス側）に位置しており，様々な学校外活動への非参加群であることがわかる．ラベル名のあるポイントは参加者の重心ポイントであり，次元1のマイナス側に多く位置していることから，次元1の主成分は学校外学習への参加・非参加を分ける軸であることがわかる．なおMCAでは距離が近いほど関連性が強い.
　また次元2（縦軸）は，プラス方向に「バレエ」「英会話などの語学教室や語学レッスン」「生け花・茶道・日本舞踊・琴・三味線など」「絵画教室や造形教室」「家庭教師」「英会話教室・語学

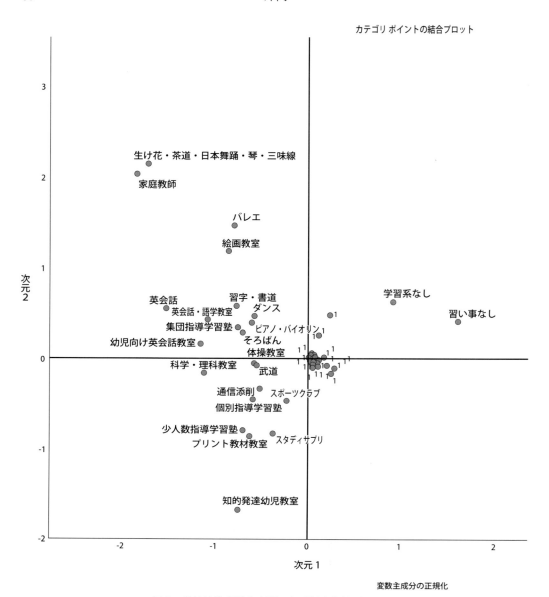

図 2 学校外教育戦略空間の多重対応分析（MCA）

学校」「習字・書道」「ピアノ・バイオリンなどの音楽教室・個人レッスン」「ダンス・リトミック」などがあり，芸術文化的な習い事や語学系学習が位置している．

次元 2 のマイナス方向は，「知的発達をうながす幼児教室」「計算・書きとりなどのプリント教材教室」「タブレット学習教材（スタディサプリなど）」「少人数指導の学習塾」「個別指導の学習塾」「通信添削の学習教材」「科学・理科教室」「スポーツクラブや地域のスポーツチームなど」で，科学・理科系の学習や学習塾，スポーツ系が位置している．

この学校外教育戦略空間の軸を固定し，その上に家族の社会的地位変数（世帯収入や親の学歴等）を補助変数として投入した結果が図 3 〜図 5 である．図 2 の MCA 上に補助変数を

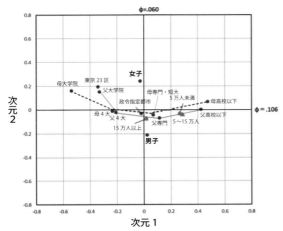

図3 学校外教育戦略空間における父母学歴, 地域人口規模, 子の性別

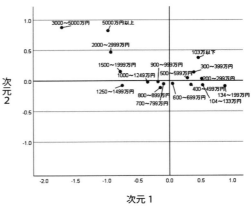

図4 世帯年収の分布

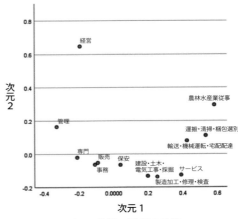

図5 父親の職種の位置

記載すればよいのだが，図が煩雑になるので補助変数のみを抽出して図2の学校外教育戦略空間上にプロットした．縮尺が少し異なるが，図2上に図3～図5を重ねて理解してほしい．

図3と図4をまとめると，学校外教育戦略空間の中では，世帯収入，父学歴，母学歴，そして居住地域人口規模がその高低で次元1に並行して位置付いている．高収入層で高学歴層，東京23区在住者が次元1のマイナス側に位置し，多様な学校外教育参加と対応する．逆に地位や人口数が低いほど次元1のプラス方向に位置し，習い事や学校外での学習系教育機会が少ないことに関連している．次元1は，学校外教育の参加・非参加の軸であるとともに，それが親の経済資本と文化資本（学歴資本）の高低，そして地域の都鄙度と密接に対応していることが見てとれる．子どもの学校外の多様な体験も，親の経済資本と文化資本や地域によって規定されているからであり，子ども達の学校外教育体験がいかに階層化され，不平等な経験であるかを物語っている．

また図5は，父親の主な職種を補助変数としてプロットした結果である．第1に，次元1のプラス方向にブルーカラー系職種とサービス職が位置している．これは図5の学校外教育への非参加と対応関係にあることがわかる．ブルーカラー系職種のなかでも「運搬・清掃・梱包・包装・選別などの作業従事者」や「農林水産業従事者」の家庭ほど次元1のプラス方向に位置し，子どもは「習い事なし」や「学習系教育なし」の近くに位置し，学校外教育全般に非参加であることがわかる．

第2に，次元1のマイナス方向には父親が管理，経営，専門，事務，販売などホワイトカラー職が左側から職業威信の高い順に位置している．とくに経営者層は芸術文化や家庭教師，英語系の習い事に力を入れている．総じて父がホワイトカラーの家庭の子どもは習い事や学習系教育の参加に関連があるといえる．このように親の職業階層と子の学校外教育や習い事は強い関連性がある．

また子どものジェンダーは，次元2と対応しているが，他の社会的地位変数ほどの大きな差異ではない．女子の場合はバレエや，絵画，習字・書道，ピアノといった芸術文化系の習い事や英会話などの語学系の学習体験と強く結びついていた．それに対し男子の重心ポイントはスポーツ経験の近くに位置し，科学系にも女子よりは近い．

VIII. 結論と課題

学校外での学習機会や習い事，スポーツ経験は，子どものジェンダーと家庭の社会的地位変数（学歴，世帯収入，父親の職種など），および居住地域の人口規模（都鄙度）によって，経験の有無に明確な差異が生じていた．要点をまとめておこう．

（1）経済資本の影響：世帯収入が1,000万円を超えると子どものスポーツ経験率（スポーツクラブやスポーツチーム等）は全体平均より10％以上高くなっていた．特に年収1,250万円以上の家庭では60％を超えるが，103万円以下の家庭では16.7％である．子どものスポーツ活動が家庭の経済資本に大きな影響をうけており，低所得層の子どもの発達や社会化など多面的側面での負の効果が予想されるので，政策的対応が必要と考える．

（2）ジェンダー差：MCA（多重対応分析）によれば，女子は芸術文化系，男子はスポーツや科学系により親和性を示した．この傾向は，親の教育方針や社会的期待による影響と考えられ従来から継続して発見されてきた結果でもある．これが性役割規範やジェンダー秩序の再生産に寄与していると推測できる．

（3）親の学歴資本の影響：父親と母親の文化資本（学歴資本）の効果も大きく，高学歴の母親の子どもほどスポーツや楽器演奏への関心が高く，ゲームやアイドルへの関心は低い．子どもへのスポーツ体験への支出額や学校外教育への参加項目数の多さにも，親の学歴は独自の直接効果を持っており，親の文化資本の効果は，興味・関心レベルと実際の参加行動の両方に大きな影響が認められた．

（4）地域の都鄙度：人口15万人以下の地域では，スポーツや学校外クラブや習い事の参加項目数が少ないことが確認された．これは，地域の学習環境や社会的・経済的資源の差異が学校外活動の機会を規定もしくは制限していることを示唆している．

（5）体験格差と社会階層：親の収入や学歴，職業の社会的地位が高いほど，また都市部ほど子どもが学校外で経験する習い事やスポーツ体験，学習系教育経験数は多く多様で，高地位の家庭は子どもに多くを支出している．こうした学校外教育の格差は，社会化経験の階層格差，いいかえれば体験格差の問題（今井，2024）として，子どもの身体的発達だけでなく，感情面や他者との関係性を作るネットワーク力など，子どもの多面的発達に影響を与える．

パットナム（Putnam, 2015）が『われらの子ども』という著書の中で指摘したように，子ども時代の格差は，成人後の健康問題だけでなく，地域社会の犯罪率やソーシャル・キャピタルの醸成など，社会の健全性や効率性までに影響する長期的かつ社会にとっての重要な問題である．この問題はアメリカで確認されたが，日本でも同じ帰結になるだろう．

（6）これまで公教育とくに中学校段階での部活動は安価であったため，親の階層状況によらずスポーツや芸術文化を体験できる貴重な機会を提供し，子ども時代の格差を軽減あるいは是正する重要な役割を果たしてきた．実際に親の学校外教育費負担は，小学生段階よりも中学生段階で平等化していた．

すでに始まっている学校部活動の地域移行は，民間のスポーツクラブなどの利用の拡大につながり，現在ある学校外教育格差や体験格差をさらに拡大する可能性が高い．なぜなら民間経営のサービスを利用すると，家庭の費用負担が増加して多様な学校外教育経験率が下がる可能性が高いからである．また低所得家庭や親が子に割く時間的資源の少ない家庭や親の文化資本が少ない家庭の子どもの参加がさらに難しくなる可能性がある．分析結果が示したように，家庭の経済資本や文化資本，あるいはここでは触れなかったが時間資源の多寡が子どものスポーツ

体験，文化経験を左右しているからである．

（7）部活動の地域移行とソーシャル・キャピタル：地域移行問題には，学校部活動を通じて成立していた親や子ども達の地域ネットワークの喪失問題が伴う．公立学校の部活動は地域のつながり，ネットワーク形成に貢献してきたからであり，この点は公立学校の親達によって懸念されている[注9]．学校区や地域のソーシャル・キャピタルの破壊や醸成という視点からの部活動の地域移行問題の検討は，十分には行われていない．今後の課題でもあるが，当事者である親や子どもたちの意見や要望を詳しく調べるべきであろう．

（8）学校部活動を廃止して民間や地域へ移行する方向が，子ども達の発達や文化参加の機会を奪うことになりかねない可能性については，教育の問題としてだけでなく，スポーツ文化の価値とその発展の視点からも，もっと検討されるべきである．政策としては，低所得家庭向けのスポーツ助成金や，地域間の教育資源格差を是正するための取り組みが求められる．地域間格差の軽減については，部活動地域移行のプラスの効果を期待したい．

（9）部活動の地域移行と青少年の保護機能の低下：中学生の部活動が地域移行されると，放課後に学校に留まらず，地域でのクラブ活動にも参加しない青少年が増加する可能性が高い．これまで少年少女達を放課後に学校につなぎとめていた学校部活動は，青少年を放課後の学校内に留め（ある意味，隔離して）保護・育成する場として重要な役割を果たしてきたからである．地域移行により，青少年を学校につなぎ止めるソーシャル・ボンド[注10]や居場所がなくなることによって，近い将来，少年非行や逸脱行動が増加する可能性が高いと考えておいた方が良いだろう．

（10）子ども期の学校外教育の重要性：これまでの学校部活動体験は，1種類のスポーツや芸術文化に偏りがちである．学校部活動の地域移行によって，これまで以上に選択肢が増えることはよいが，これまでの研究結果が示すのは，12〜13歳までの体験が成人後に再現性が高いということである（片岡，2019）．そういえる根拠として，これまでの筆者の研究では12〜13歳までの芸術文化体験は，成人後の絵画鑑賞行動や芸術文化体験として実現化しているからである．河島伸子教授グループの研究でも，13歳までの芸術文化体験は成人後に継続するが，13歳以降の年齢での新規の文化体験は成人後には継続しないという結果がでている（未公表）．おそらくスポーツでも同様のことがあるのではないか．

そして特定のスポーツを子ども期から大学部活動まで継続した体育部活系の体育会系ハビトゥス保持者に限っていうと，保守的で権威主義的で男性支配の価値の保持者であるだけでなく，芸術文化体験の低い文化資本低位者であることが判明している（片岡，2021，2024）．成人後のスポーツや芸術文化の発展と男性優位の価値や男性支配からの脱却を国として求めるのであれば，小学生の頃からできるだけ多様な種類のスポーツ体験・芸術文化体験をしてもらって，文化的資本や文化的な寛容性を高めておくことが望ましい．

スポーツ種目も多様化している．芸術文化ジャンルへの関心は創造性とも大きく関連する．つまり子どもの関心の幅を広げ，多様化した文化へ目を開かせることを，学校を通じて，小学生の頃から実施することができれば，日本全体の文化振興策としても，社会の民主化という点でも有効である可能性が高いのである．いいかえれば，文化への開放性と文化的寛容性を獲得することが，グローバル化した時代での「新しい文化資本」として重要であるという視点を持つ必要があると考えている（片岡，2022，2019）．スポーツ体験格差の解消もその例外ではない．

そして個人的見解を言わせてもらえば，地域移行によって多様な文化選択肢の中から，自分の得意なジャンルや才能に気づけるような幅広い体験を学校や地域を通じてできるようになることは，国全体の文化水準の向上や文化立国への貢献につながると予想している．そのためには，子ども一人ひとりの才能を評価して見つけ出し，希望者には才能を伸ばすための組織的な教育的工夫とシステム作りがなされることが望

ましい[注11]．親の社会的地位が低く，多様なスポーツ・文化体験ができていない子どもが質の高いプログラムにアクセスできるように，参加機会を妨げている経済的・文化的な障壁を取り除くためのトレーニング・プログラムの提供など，積極的な施策を展開できないかということである．

最後に，本研究は，社会階層要因として経済資本や文化資本，そしてジェンダーや地域要因が子どものスポーツ参加や学校外教育全体に及ぼす影響を明らかにし，学校部活動の地域移行が新たな格差を生む可能性を示唆した．地域移行後の未来の教育戦略に期待したいことは，社会階層によるスポーツ参加の偏在をできるだけ減らすとともに，文化的多様性を尊重して多種多様なスポーツ種目や習い事の参加機会を用意できることが望ましい．制約はあるだろうが，少なくとも親の社会的地位や子の属性にかかわらずに，すべての子どもが平等に豊かなスポーツ体験や芸術文化体験を享受できる未来を希求している．

注

注1）日本で多重対応分析を用いてブルデューと同様の生活様式空間を最初に析出したのは，片岡（2003）による1995年SSM全国調査データの分析である．その後は他の研究者によっても同様もしくは類似の試みが続いている．

注2）子どものスポーツ参加は，健康や体力，運動能力といった身体的発達とその機会の拡充という文脈で重要な指標であり，政策的にも国家や地域のスポーツ環境の整備に目標が置かれてきた（文部科学省，online）．しかしこうした従来の域を超え，子どものスポーツ参加は，社会化の格差やジェンダー差など社会学的側面から多層的な意味を持つことが知られている．

注3）ほかにも多くの研究があるが，紙面の関係もあり代表的なものだけの提示となっている．

注4）本調査はデータの質の確保に留意して，以下のようにサンプルを収集した．①データの質の確保を優先したWeb調査を実施し，②実子で一番上の子どもに特定して回答を依頼，さらに③2006年に筆者らが実施した同種の調査との比較が可能になるような質問項目を用いた．この2006年調査は，確率標本（住民台帳より2段確率比例抽出）で同じ地域（首都圏）の父母に郵送調査で実施したものである．

注5）これ以外に自営業主1.6％，家族従業者1.5％，経営者・役員0.5％，内職0.3％であった．

注6）調査対象者の世帯年収のヒストグラム

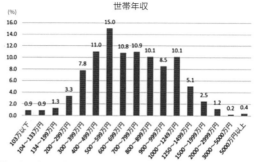

注7）片岡（2010）でも，親がスポーツ好きだと，子どももスポーツ活動に多く参加することがデータから示唆された．

注8）「199万円以下」世帯の経験率が0％のときは，オッズが計算できないので1％に変換してオッズ比を推定した．

注9）筆者が2024年に行なったインタビュー調査（大阪府）による．

注10）ハーシ（Hirschi）の社会的ボンド理論などを参照のこと（ハーシ，1995）．

注11）たとえばボストン・オーケストラが実施している若者のためのYouth Programなどがある．

文 献

ベネッセ教育総合研究所（2017）学校外教育活動に関する調査2017．https://benesse.jp/berd/up_images/research/2017_Gakko_gai_tyosa_web.pdf，（参照日2024年12月8日）

Bourdieu, P.（1979）La Distinction: Critique sociale du jugement. Minuit.；ブルデュー：石井洋二郎訳（2000）［普及版］ディスタンクシオン―社会的判断力批判―Ⅰ・Ⅱ．藤原書店．

Bourdieu, P.（1980）Questions de Sociologie. Minuit.；ブルデュー：田原音和監訳（1991）社会学の社会学．藤原書店．

Bourdieu, P.（1998）La Domination Masculine. Seuil.；ブルデュー：坂本さやか・坂本浩也訳（2017）男性支配．藤原書店．

ハーシ：森田洋司・清水新二監訳（1995）非行の原因　家庭・学校・社会へのつながりを求めて．文化書房博文社．

今井悠介（2024）体験格差．講談社．

片岡栄美（2003）大衆文化社会の文化的再生産―階層再生産・文化的再生産とジェンダー構造のリンケージ．宮島喬・石井洋二郎編，文化の権力　反射するブルデュー．藤原書店，pp.101-135．

片岡栄美（2005）文化定義のジェンダー化に関する研究―言説からみる文化活動への意味付与と性役割

意識. 関東学院大学人文科学研究所報, 29：65-85.

片岡栄美編（2008）子どものしつけ・教育戦略の社会学的研究─階層性・公共性・プライヴァタイゼーション─. 科学研究費補助金研究成果報告書.

片岡栄美（2010）子どものスポーツ・芸術活動の規定要因─親から子どもへの文化の相続と社会化格差. ベネッセ教育研究開発センター（ベネッセ教育総合研究所）編, 研究所報 第1回学校外教育活動に関する調査2009 調査報告書（解説・提言1）, 58：10-24. https://benesse.jp/berd/shotouchutou/research/detail_3264.html,（参照日2024年12月8日）

片岡栄美（2018）子育て実践と子育て意識の階級差に関する研究. 駒澤大学文学部研究紀要, 76：1-27.

片岡栄美（2019）趣味の社会学 文化・階層・ジェンダー. 青弓社.

片岡栄美（2021）体育会系ハビトゥスにみる支配と順応─スポーツにおける「理不尽さ」の受容と年功序列システムの功罪─（特集：スポーツ社会学におけるトライアンギュレーションとその可能性）. スポーツ社会学研究, 29（1）：5-23.

片岡栄美（2022）文化的オムニボアとハビトゥス, 文化資本─文化的雑食性は新しい形態の文化資本か─. 教育社会学研究, 110：137-166.

片岡栄美（2024）スポーツにおける男性支配の象徴的次元からの変革と体育会系男子のハビトゥス（特集：スポーツにおける男性性を解体する）. スポーツ社会学研究, 32（2）：5-22.

川口俊明（2020）多重対応分析による子育て空間の分析─学校教育に関わる活動に着目して. 家族社会学研究, 32（2）:156-168.

松岡亮二（2016）学校外教育活動参加における世帯収入の役割─縦断的経済資本研究─. 教育社会学研究, 98：155-175.

宮本幸子（2023）母親がささえる子どものスポーツ─実態と研究課題─（特集：〈女〉を生きることと体育・スポーツ）. 年報体育社会学, 4：23-33.

文部科学省（online）学校と地域における子どものスポーツ機会の充実. https://www.mext.go.jp/b_menu/shingi/chukyo/chukyo0/toushin/attach/1319043.htm,（参照日2024年12月10日）

西島央・木村治生・鈴木尚子（2012）小中学生の芸術・スポーツの活動状況に関する実証研究：地域, 性, 家庭環境による違いに注目して. 文化政策研究, 6：97-113.

Putnam, R. D.（2015）Our Kids: The American Dream in Crisis. Simon and Schuster.；パットナム：柴田康文訳（2017）われらの子ども─米国における機会格差の拡大. 創元社.

清水紀宏編著（2021）子どものスポーツ格差：体力二極化の原因を問う. 大修館書店.

（2025年2月12日 受理）

年報体育社会学　6：37-48，2025

特集論文

移民児童のスポーツ実施と体力・運動能力：

都内公立小学校の量的調査に基づく考察

宮本　幸子　　松下　由季

Sachiko Miyamoto and Yuki Matsushita: Sports participation, physical fitness, and motor ability of immigrant children: Insights from a quantitative study at a public elementary school in Tokyo. Annu. Rev. Sociol. Sport. Phys. Educ.

Abstract: While the number of immigrant children in Japan is increasing, few studies in the sociology of sport and physical education have focused on this population. Limited knowledge exists regarding the actual differences between immigrant and Japanese children in terms of sports participation, physical fitness, and motor ability.

Questionnaire surveys and physical fitness tests were conducted in an elementary school in Tokyo. Data from 54 immigrant children and 110 Japanese children were analyzed for the questionnaire surveys, while 48 immigrant children and 105 Japanese children were analyzed for the physical fitness tests. The effects of immigrant status on sports participation and physical fitness scores were examined using multiple regression analysis and logistic regression analysis, while controlling for mothers' education levels, gender, and Rohrer's index.

The results indicated that immigrant children were significantly less likely than Japanese children to participate in extracurricular and in-school sports activities. However, no significant differences were observed in the rates of out-of-school sports participation or the number of hours spent on sports or physical play per week. Physical fitness tests results demonstrated that immigrant children scored significantly lower than Japanese children in several categories, including the 50m run, shuttle run, sidestep, and total scores. Hierarchical regression analyses revealed that the number of hours spent playing sports was significantly associated with physical fitness. However, even after controlling for this factor, immigrant children consistently exhibited lower fitness levels than Japanese children.

Immigrant children had fewer opportunities to participate in sports than Japanese children and tended to have lower physical fitness and motor ability in specific categories. With the expected increase in the number of schools with a high proportion of immigrant students, focusing on immigrant children is essential when discussing inequalities in sports participation. Additionally, future research should involve the accumulation of case studies across different regions and conduct detailed analyses that focus on diversity within the immigrant population.

Key words: immigrant families, questionnaire surveys, physical fitness tests
キーワード：移民家庭，質問紙調査，体力テスト

笹川スポーツ財団
〒 107-0052　東京都港区赤坂 1-2-2
　　　　　　　日本財団ビル 3 階
連絡先　宮本幸子

Sasakawa Sports Foundation
The Nippon Zaidan Building 1-2-2, Akasaka, Minato-ku, Tokyo 107-0052
miyamoto@ssf.or.jp

Ⅰ. 緒　言

　日本国内において，「外国につながる子ども」すなわち国籍を問わず外国にルーツをもつ子どもの数が増加している．公立学校に在籍する外国籍の児童生徒数は，この15年ほどでいずれの学校段階でも増加傾向にあり，特に小学校では顕著である．文部科学省（2024）の統計によると，小学校では平成20年度の45,491名から令和5年度には84,930名へと，中学校や高校と比べても大幅に増加している．このような状況に伴い，国籍にかかわらず日本語指導を必要とする子どもの数も増加の一途をたどっている．

　スポーツ社会学における移民とスポーツの研究は，国内ではまだ先行する成果が少ない領域の1つとされている（植田，2022）．日本に居住する移民に関する研究は主にスポーツ労働移民，すなわち選手として移動するケースを扱い（千葉・海老原1999，石原2011，権・武田2014），スポーツ移民以外の移民家庭，特に自ら居住地を選べない子どもを対象とした研究は極めて限られている．

　こうした中で，植田・松村（2013）は日系ブラジル人の集住地域に設立されたフットサル・センターが，スポーツ施設としてのみならず，子どもに母国語や母国文化との接点を提供し，帰国への可能性を残すセーフティネットとして機能していることを明らかにした．海外をフィールドとした研究では，今西（2021）がアメリカの地域スポーツ活動が日本人家庭の異文化適応に寄与することを示している．また，Doherty and Taylor（2007）やHertting and Karlefors（2013）は，スポーツが移民の社会適応や統合（integration）の場となる可能性をもつ一方で，言語の壁や偏見，受け入れ側の支配的なスポーツ文化が障壁となることを指摘する．

　一方，体育科教育学では，移民の子どもを含む体育指導の現状を調査し，こうした児童・生徒が体育から排除される可能性を指摘するとともに，教員や保護者の関与を促進するプログラムの開発を進めている（Sato et al., 2024a,

2024b；Tomura et al., 2024）．これらの研究では，学校と移民の保護者との連携が確立されず，保護者の体育教育に対する理解や協力が得られにくい現状が明らかにされている．また，教員側も移民家庭の文化的価値観や教育観への理解が十分とはいえず，誤解を生む一因となると指摘されている．しかし，いずれの知見も教員を対象とした質的調査に基づいており，移民の子どもの実態に関する知見は依然として限られている．

　子どもの成長や社会化を扱う体育社会学においても，移民を対象とした体系的な研究はほとんどみられない．日本における移民の子どもたちは，どのようにスポーツを経験しているのだろうか．本稿では移民児童の多い小学校における質問紙調査および体力テストの分析を通して，移民児童と日本人のスポーツ実施率や体力・運動能力における差異を検討することを目的とする．

Ⅱ. 分析視角とリサーチクエスチョン

　移民は国内に満遍なく居住するわけではなく，集住地域と非集住地域が存在する．また，集住地域における移民人口の規模・密度や流入時期などは多様性を有しており（渡戸2006），ランダムサンプリングによって十分な分析対象者を確保することは難しい．そこで本研究では，移民が多く居住する地域の小学校を対象とした事例研究を行う（以降，対象校をA小学校と表記する）．渡戸（2006）の類型およびその解説を行った金南（2019）の定義に基づくと，A小学校の所在地域は「大都市インナーシティ型」に該当する．具体的には，オールドカマーとニューカマーが混在し，特にアジア系移民が多く居住する地域である．今後，同様の地域やその内部における移民人口の増加が予想されるため，このような事例を研究対象とすることは，国内の移民児童のスポーツの実態を明らかにする上で有用な視点を提供すると考えられる．

　先述のとおり，日本の移民児童に関するスポーツや体力・運動能力の研究は限られている．スポーツは多様な人がともに楽しめる可能性をもつ一方で，各国の文化やアイデンティティを

移民児童のスポーツ実施と体力・運動能力

反映する側面があり，移民にとっては障壁となることもある（Hertting and Karlefors, 2013）．前者の観点に立てば，移民児童と日本人の間に差異はないと考えられるが，後者の観点からは移民児童のスポーツ実施率が低いことが予想される．実施状況や体力・運動能力には，発達段階（年齢・学年）や性別，家庭の社会経済的地位（socio-economic status, SES）が関連することが多くの研究で認められているため，本稿ではこれらを統制した上で，移民児童と日本人の間に有意な差異が存在するかを検討する．リサーチクエスチョンは以下のように設定する．

RQ1：同じ学校内の移民と日本人の児童の間で，学校内外のスポーツ実施状況に違いがあるか．

RQ2：同じ学校内の移民と日本人の児童の間で，体力・運動能力に違いがあるか．

RQ1はⅣ節の分析1，RQ2は分析2に該当する．なお，本稿では小学生を対象とするため，おにごっこや遊具を使った遊びなどの運動遊びも検討の範囲に入れている．特に分析の変数や説明において「スポーツ」という表現を用いている場合，基本的には運動遊びとスポーツの両方を含むものとする．

Ⅲ．研究方法

1．調査概要

本調査は，東京23区内にあるA小学校と笹川スポーツ財団との共同事業として2023年に実施された．調査は児童を対象とした体力テストおよび児童・保護者を対象とした質問紙調査からなる．体力テストに関しては2023年6月に行い，文部科学省の「新体力テスト」に準じて握力・20mシャトルランなど計8種目を測定した．全種目実施者は全校の91.1％（216名）であった[注1]．質問紙調査は2023年10月に実施し，児童票は1年票，2～3年票，4～6年票に分けて内容や分量を調整した．また，日本語の読み書きが難しい児童や保護者が一定数いることを事前に把握していたため，質問紙は複数の言語に翻訳して配布した．用意したいずれの質問紙でも回答が難しい場合，児童には日本

語学級の教員が補助を行い，希望する保護者には著者らが内容の説明を行った．児童票の回収率は99.1％（n＝228）で，中国語票12名，英語票3名，ネパール語票3名を含む．保護者票の回収率は96.5％（n＝222）で，中国語票31名，英語票3名，ネパール語票4名であった．

実施にあたっては日本体育・スポーツ・健康学会の「研究倫理綱領」ならびに「研究者の倫理について（覚書）」に基づき，A小学校と対応を協議し十分な倫理的配慮を行った．本調査は，単体で個人を特定できる情報（氏名等）を当財団が取得しない設計としたため，保護者への説明および同意取得・撤回の対応はA小学校を通じて実施した．また，第一言語など慎重な取り扱いが求められる項目については，必須回答とせず無回答を認めている．体力テストと質問紙調査のデータは，A小学校において通し番号を用いて個人が特定されないよう紐づけされ，当財団に提供されている．

2．分析対象

本稿では，分析上の「移民」と「日本人」を以下のように定義する．「移民（児童）」は，保護者の質問紙でたずねた母親（または母親に代わる保護者）および父親（または父親に代わる保護者）の第一言語の回答を用い，「いずれかの保護者の第一言語が日本語以外である児童」とする．この定義に該当する児童の多くは，移民第二世代にあたると考えられる[注2]．一方で，「いずれの保護者の第一言語も日本語である児童」を「日本人（児童）」とする．なお，ひとり親家庭の場合は，その保護者の第一言語のみを基準として分類している[注3]．また，母親・父親の第一言語がともに無回答の場合は分析から除外している．

本稿では1～6年生のうち，ほぼ共通の項目で質問紙調査を実施できた2～6年生のデータを扱う．体力テスト・児童質問紙・保護者質問紙のそれぞれに非実施者がいるため，分析1では移民54名・日本人110名，分析2では移民48名・日本人105名を分析対象とした．移民54名の詳細を図1にまとめている．移民児

童の 77％は家庭で母親と日本語以外の言語を使用し，61％は外国で生まれている．保護者票の記入結果によれば，子どもの出生国は中国をはじめ 7 ヵ国に及んでいた．さらに，移民児童の 25％は在日歴が 2 年未満と短い．これらのうち，外国で生まれた 61％の児童は主に移民 1.5 世，残る 39％の大半は移民 2 世に該当すると推察される[注4]．なお，移民の保護者の第一言語は 13 言語にわたり，複数の言語をあげたケースもみられた．最も多かったのは中国語で，母親の 57％，父親の 44％を占めた．

IV. 分析結果

最初に，分析に用いる独立変数や統制変数の記述統計量を表 1 に示す．移民ダミーは前節の定義に基づき，移民を 1，日本人を 0 としている．SES の指標としては母親の最終学歴を用い，高等教育機関を卒業している場合を 1，中等教育機関の場合を 0 として，母親高等教育卒ダミーを作成した．日本語票の回答では，前者には専門学校，短大・高専，大学・大学院，後者は中学・高校が該当する．質問紙では父親の学歴もたずねたが，移民の無回答率が高かったため，母親の学歴のみを採用した．分析 2 については，体力テストの結果に影響する肥満度の変数も投入している．具体的には身長と体重からローレル指数を算出し，115 未満（痩せ～痩せ気味）を痩せダミー＝1，145 以上（肥満気味～肥満）を肥満ダミー＝1 とした[注5]．

分析 1 では，統制変数と移民ダミーを同時に投入した重回帰分析および二項ロジスティック回帰分析を行った．分析 2 では表 1 の変数に加え，分析 1 で従属変数として扱うスポーツ実施状況も関連が強いと予想された．そこでモデルにスポーツ実施時間を投入し，その影響を統制した上で移民ダミーの関連を評価するために，階層的重回帰分析を採用した．なお，本データのサンプルサイズは十分な規模ではないため，統計的検定の有意確率は 10％水準までを参照して解釈する．

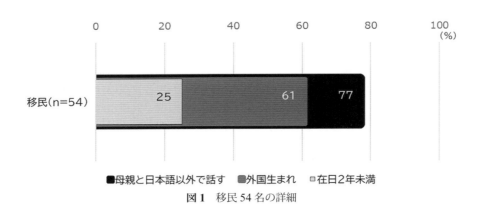

図1　移民 54 名の詳細

表1　独立変数・統制変数の記述統計量

	有効度数	最小値	最大値	平均値	標準偏差
移民ダミー	164	0.000	1.000	0.329	0.471
女子ダミー	164	0.000	1.000	0.463	0.500
学年	164	2.000	6.000	4.012	1.379
母親高等教育卒ダミー	155	0.000	1.000	0.806	0.396
痩せダミー（ref：標準）	163	0.000	1.000	0.196	0.398
肥満ダミー（ref：標準）	163	0.000	1.000	0.196	0.398

1. 分析 1

まず，児童のスポーツ実施状況を表2に移民・日本人別で示した．週あたりの運動遊び・スポーツの時間は，平日・休日の時間をたずねた項目をもとに算出し，平均値および標準偏差を比較してt検定を実施した．移民の平均時間は485.48分（±478.27），日本人は652.23分（±570.88）であったが，有意な差は認められなかった．なお，Mann-WhitneyのU検定を用いた中央値の比較においても，有意差は確認されなかった．

スポーツの習いごとや学校内外の運動遊び・スポーツについては，それぞれ複数回答で具体的な実施種目を選択させ，1つでも実施している場合を「有」，1つも実施していない場合を「無」と分類し，実施率を算出した．なお学校内の運動遊び・スポーツについて，質問紙では授業を除いた休み時間や放課後の活動としてたずねている．カイ二乗検定を行った結果，習いごとおよび学校内の運動遊び・スポーツの実施

率で有意な差が確認され，いずれも日本人が高かった．

以上の変数を用いた回帰分析の結果を表3に示した．週あたりのスポーツ実施時間は残差の正規性を確認した上で重回帰分析を，その他の変数については二項ロジスティック回帰分析を行っている．移民ダミーの数値を中心に検討すると，第一の週あたりのスポーツ実施時間を従属変数とした重回帰分析の結果，移民ダミーは有意ではなく（$\beta = -0.147$, $p > 0.10$），ほかの統制変数については学年のみが有意な負の関連を示し，学年が上がるほど実施時間は短い傾向がみられた．モデル全体の説明力も低く，本分析に含まれないスポーツの習いごとの実施内容（種目や活動時間）などの要因が関連している可能性がある．

第二のスポーツの習いごとの有無を従属変数としたロジスティック回帰分析では，移民ダミーが有意な負の関連を示し，移民児童は日本人と比較して，スポーツの習いごとに参加する

表2　スポーツ実施状況（t検定・カイ二乗検定）

	移民（54）	日本人（110）
週あたりの運動遊び・スポーツの時間（平均値：分）	485.48（±478.27）	652.23（±570.88）
スポーツの習いごとの実施率*	36.8%	55.8%
学校内（授業を除く）の運動遊び・スポーツの実施率**	66.7%	87.6%
学校外の運動遊び・スポーツの実施率	73.7%	69.9%

*$p<.05$, **$<.01$

表3　スポーツ実施状況を従属変数とした回帰分析の結果

①週あたりのスポーツ実施時間				
	B	SE	β	p
定数	1161.235	179.303		***
移民ダミー	−177.158	96.081	−0.147	
女子ダミー	−159.735	88.843	−0.143	
学年	−65.578	32.317	−0.160	*
母親高等教育卒ダミー	−201.112	111.287	−0.143	
調整済み R2	0.054			
N	154			

*$p<.05$, ***$<.001$

	②スポーツの習いごと有無				③学校内での実施有無				④学校外での実施有無			
	B	SE	OR	p	B	SE	OR	p	B	SE	OR	p
移民ダミー	−1.054	0.387	0.349	**	−1.154	0.470	0.315	*	0.312	0.411	1.366	
女子ダミー	−0.917	0.356	0.400	*	0.092	0.474	1.096		−0.311	0.368	0.733	
学年	−0.212	0.128	0.809		−0.398	0.182	0.672	*	−0.175	0.138	0.840	
母親高等教育卒ダミー	1.150	0.460	3.160	*	0.397	0.554	1.487		0.090	0.454	1.094	
定数	0.742	0.711	2.099		3.519	1.038	33.742	***	1.695	0.768	5.448	*
Cox-Snell R2	0.137				0.079				0.019			
Nagelkerke R2	0.183				0.136				0.028			
N	155				155				155			

*p<.05, **<.01, ***<.001

表4 体力テストのTスコア（t検定）

	総合得点*	握力	上体起こし	長座体前屈	反復横跳び***	シャトルラン**	50m走**	立ち幅跳び	ソフトボール投げ+
移民（48）	42.7	55.0	46.1	45.8	42.7	41.6	44.3	45.1	45.2
日本人（105）	46.5	52.4	48.2	43.4	48.9	46.0	50.1	47.4	48.0

+p<.10, *p<.05, **<.01, ***<.001

オッズが約65％低かった（OR＝0.349, p＜0.01）. 統制変数の中では, 女子ダミーが有意な負の関連を示し, 母親高等教育卒ダミーは有意な正の関連を示した. 第三の学校内でのスポーツ実施有無を従属変数としたロジスティック回帰分析でも, 移民ダミーは有意な負の関連を示し, 移民児童が学校内でスポーツを実施するオッズは, 日本人と比較して約68％低かった（OR＝0.315, p＜0.05）. 統制変数では子どもの学年が有意な負の関連を示した. モデル全体の説明力はやや低いものの, 移民児童が学校内でスポーツを実施する機会が日本人に比べて少ない可能性が示唆される. 一方, 第四の学校外でのスポーツ実施有無を従属変数としたロジスティック回帰分析では, 移民ダミーの関連は有意ではなかった（OR＝1.366, p＞0.10）.

以上をまとめると, 移民ダミーはスポーツの習いごと有無と学校内でのスポーツ実施有無において有意な負の関連を示したが, 週あたりのスポーツ実施時間および学校外でのスポーツ実施有無では統計的に有意な関連はみられなかっ

た. これらの結果から, 特に習いごとや学校内の運動遊び・スポーツ実施に関しては, 移民児童と日本人の間で参加状況に差が生じていることが示唆される.

2. 分析2

続いて, 体力テストのデータを用いた分析に移る. 分析では種目別の測定値と, 項目別得点表をもとに算出した総合得点を使用し, 調査年度の全国平均を50, 標準偏差10として算出した学年・男女別のTスコアを採用している. 表4には各種目および総合得点のTスコアの平均値とt検定の結果を示した. 統計的に有意な差が認められたのは, 総合得点, 反復横跳び, シャトルラン, 50m走（p＜0.05）およびソフトボール投げ（p＜0.10）の5項目であり, いずれも日本人のスコアが高かった.

このうち, 5％水準で有意差が認められた4つの項目を従属変数として行った階層的重回帰分析の結果を表5に示している. 3つのステップで分析を行い, ステップ1では性別（女子

表5 体力テスト測定結果を従属変数とした階層的重回帰分析の結果

	体力テスト総得点 (n=140)				反復横跳び (n=146)				シャトルラン (n=146)				50m走 (n=147)			
ステップ1	B	SE	β	p	B	SE	β	p	B	SE	β	p	B	SE	β	p
(定数)	42.553	3.377		***	45.927	3.142		***	47.024	2.546		***	52.185	4.100		***
女子ダミー	0.844	1.696	0.043		1.534	1.581	0.081		-1.236	1.284	-0.077		0.471	2.079	0.019	
学年	-0.144	0.615	-0.020		-0.424	0.582	-0.062		-0.663	0.468	-0.115		-1.256	0.759	-0.138	
母親高等教育ダミー	4.135	2.139	0.165	+	2.643	1.965	0.113		1.964	1.618	0.097		2.962	2.591	0.094	
痩せダミー (ref：標準)	0.700	2.151	0.029		1.164	1.991	0.051		2.411	1.622	0.125		-0.193	2.627	-0.006	
肥満ダミー (ref：標準)	-3.521	2.223	-0.141		-2.497	2.104	-0.103		-5.646	1.711	-0.275	**	-6.529	2.772	-0.201	*
調整済み R2	0.014				0.005				0.095			**	0.041			+
ステップ2	B	SE	β	p	B	SE	β	p	B	SE	β	p	B	SE	β	p
(定数)	36.034	3.700		***	39.318	3.412		***	42.848	2.811		***	46.191	4.577		***
女子ダミー	1.941	1.652	0.098		2.580	1.525	0.137	+	-0.617	1.261	-0.039		1.316	2.057	0.052	
学年	0.129	0.594	0.018		-0.125	0.558	-0.018		-0.474	0.458	-0.082		-0.986	0.749	-0.109	
母親高等教育ダミー	5.222	2.070	0.209	*	3.694	1.886	0.157	+	2.619	1.584	0.129		3.904	2.558	0.124	
痩せダミー (ref：標準)	1.887	2.086	0.078		2.443	1.919	0.108		3.214	1.595	0.167	*	0.999	2.606	0.033	
肥満ダミー (ref：標準)	-1.682	2.188	-0.067		-0.699	2.049	-0.029		-4.517	1.699	-0.220	**	-4.879	2.778	-0.150	+
週あたりスポーツ時間	0.005	0.001	0.311	***	0.006	0.001	0.335	***	0.004	0.001	0.253	**	0.005	0.002	0.228	**
調整済み R2	0.096			**	0.101			**	0.148			***	0.082			**
ΔR2	0.085			***	0.099			***	0.057			**	0.046			**
ステップ3	B	SE	β	p	B	SE	β	p	B	SE	β	p	B	SE	β	p
(定数)	37.158	3.721		***	41.461	3.330		***	44.011	2.782		***	47.755	4.580		***
女子ダミー	1.540	1.653	0.078		1.866	1.478	0.099		-0.987	1.241	-0.062		0.732	2.050	0.029	
学年	0.084	0.589	0.012		-0.209	0.536	-0.031		-0.520	0.448	-0.090		-1.058	0.740	-0.117	
母親高等教育ダミー	5.381	2.055	0.215	*	3.909	1.812	0.166	*	2.843	1.552	0.140	+	4.200	2.531	0.133	*
痩せダミー (ref：標準)	2.889	2.140	0.120		3.999	1.893	0.177	*	4.319	1.612	0.224	**	2.459	2.664	0.081	
肥満ダミー (ref：標準)	-1.260	2.182	-0.050		-0.103	1.975	-0.004		-4.030	1.672	-0.196	*	-4.240	2.761	-0.131	
週あたりスポーツ時間	0.005	0.001	0.293	***	0.005	0.001	0.304	***	0.003	0.001	0.228	**	0.005	0.002	0.210	*
移民ダミー	-3.334	1.836	-0.154	+	-5.753	1.609	-0.284	***	-3.747	1.385	-0.214	**	-4.869	2.290	-0.176	*
調整済み R2	0.112			**	0.171			***	0.185			***	0.105			**
ΔR2	0.021			+	0.073			***	0.041			**	0.028			

+p<.10, *p<.05, **p<.01, ***p<.001

ダミー），学年，SES（母親高等教育卒ダミー），肥満度（痩せ・肥満ダミー）を統制変数として投入した基礎的なモデルを示した．各変数のうち，総合得点における母親高等教育卒ダミー（$\beta = 0.165$, p＜0.10），シャトルランおよび50m走における肥満ダミー（それぞれ $\beta = -0.275$, p＜0.01, $\beta = -0.201$, p＜0.05）が，有意な関連を示した．それ以外の変数は統計的に有意ではなく，調整済み R^2 もすべての種目で低い水準にとどまっている．

　ステップ2では，週あたりのスポーツ実施時間を追加した．体力テスト総合得点をみると決定係数の増分が有意であった（$\Delta R^2 = 0.085$, p＜0.001）．回帰係数も有意で，統制変数と比べても関連の強さが示された（$\beta = 0.311$, p＜0.001）．種目ごとにみても，3種目すべてで決定係数が有意に増加し，モデルの説明力が向上したといえる（反復横跳び $\Delta R^2 = 0.099$, p＜0.001，シャトルラン $\Delta R^2 = 0.057$, p＜0.01, 50m走 $\Delta R^2 = 0.046$, p＜0.01）．いずれの種目でも回帰係数は有意であるが，反復横跳び（$\beta = 0.335$, p＜0.001）およびシャトルラン（$\beta = 0.253$, p＜0.01）でより強い関連がみられる．50m走では決定係数の増分が相対的に小さく，回帰係数もほかの2種目に比べて低い値を示した（$\beta = 0.228$, p＜0.01）．このような種目ごとの違いはみられるものの，総じてスポーツ実施時間を加えることで決定係数が有意に増加し，体力テストの結果との関連が確認された．

　ステップ3では移民ダミーを追加し，スポーツ実施時間を統制した上で移民児童と日本人の間に統計的な差がみられるかを検討した．体力テスト総合得点においては，決定係数の増分が10％水準ではあるものの有意であり，モデルの説明力が向上した（$\Delta R^2 = 0.021$, p＜0.10）．移民ダミーの回帰係数は負の関連を示した（$\beta = -0.154$, p＜0.10）．種目ごとにみると，反復横跳び（$\Delta R^2 = 0.073$, p＜0.001），シャトルラン（$\Delta R^2 = 0.041$, p＜0.01），50m走（$\Delta R^2 = 0.028$, p＜0.05）のすべてで決定係数が有意に増加し，スポーツ実施時間を統制した上でも移民児童は日本人に比べて体力・運動能力が低い傾向にある．ただし，種目間で移民ダミーの関連の強さには差があり，反復横跳びでは最も強い関連が確認され（$\beta = -0.284$, p＜0.001），次いでシャトルラン（$\beta = -0.214$, p＜0.01），50m走（$\beta = -0.176$, p＜0.05）であった．また，種目ごとの結果に比べると，体力テスト総合得点と移民ダミーとの関連は弱く，明確な差には至らなかった．体力テスト総合得点には回帰分析を示した3種目以外の種目の影響も含まれるため，個別の種目に比べて移民ダミーの影響が相対的に小さいと考えられる．

　以上の結果から，スポーツ実施時間を統制した後も移民ダミーは有意であり，移民児童と日本人の間に体力・運動能力の差が残ることが明らかになった．この差はスポーツ実施状況の違いのみでは説明できず，移民であること自体が一定の影響を及ぼしている可能性を示唆する[注6]．特に反復横跳びやシャトルランでは移民児童が不利な状況であることが確認され，総じて移民児童の体力は日本人に比べて低い傾向が示された．

V．考　察

　分析結果をまとめると，以下の点が明らかになった．分析1（RQ1）に関しては，移民ダミーがスポーツの習いごとおよび学校内での運動遊び・スポーツ実施の有無と有意に関連し，移民児童は日本人と比べてこれらの経験が少ないことが示された．週あたりの実施時間や学校外での運動遊び・スポーツ実施の有無との関連は確認されなかった．分析2（RQ2）では，移民児童は日本人と比較して，4種目（50m走，20mシャトルラン，反復横跳び，ソフトボール投げ）の記録と総合得点において有意に低い値を示した．階層的重回帰分析の結果でも移民ダミーは有意であり，移民児童と日本人の間に体力・運動能力の差が残ることが確認された．端的には，移民児童は日本人に比べて組織化された場での運動遊び・スポーツの機会が限られ，体力・運動能力も特定の種目で低い傾向であったといえる．

　スポーツの習いごとの実施が少ない背景には，移民家庭においてほかの習いごとに投資する傾

向や，スポーツの習いごとに関する情報を入手しづらい状況があると考えられる．笹川スポーツ財団（2025）より，本稿では扱っていない調査項目の基礎集計を確認すると，移民児童は日本人に比べて「英会話教室」や「英語以外の言語の会話教室」に通う割合が高い．保護者が母語の習得やグローバル型能力を重視した学びに重点を置き，子どもがスポーツに割ける時間が限られる可能性が示唆される．また，同報告書で子どものスポーツに関する保護者の悩みを確認すると，「どこでスポーツを習えるのかわからない」と回答した割合は，日本人26％に対して移民では52％と大きな差がみられた．「子どもにスポーツを習わせたい」と考える保護者の割合には差がなく，習わせたいと考えても十分な情報を得られていない移民の保護者が一定数存在すると推察される．

学校内での運動遊び・スポーツ実施が移民で少ない点については，言語の障壁に加え，種目やルールへの馴染みのなさが要因として考えられる．具体的な種目別の集計を確認すると，移民と日本人の間で実施率の差がみられたのはドッジボールとおにごっこであった（笹川スポーツ財団，2025）．この点に関して，A小学校の教員からは，両者には地域や学校ごとに異なる独自のルールが存在し，移民の児童にとってその理解が難しいと指摘された．また，日本では「日本人／外国人」の差別化が強く，エスニシティにかかわらず外国人に対する排除の力学が強く働きやすいとされ（額賀，2021），集団における周辺化やいじめの実態も報告されている（清水，2006；清水ほか，2021；中原，2021）．深刻ないじめには至らずとも当人が戸惑いを感じ，多くの児童が関わる運動遊びやスポーツの場に積極的に参加しない状況が生じている可能性もある．

学校外での運動遊びやスポーツに関しては，本稿の分析で実施の有無に有意な差はみられなかったものの，別の質問項目からは遊ぶ場所の傾向の違いが示唆された（笹川スポーツ財団，2025）．具体的には，移民児童は日本人と比べて，公園やA小学校の運動場・体育館，区の集会所で遊ぶ頻度が低く，図書館や家族の勤め先などで頻繁に遊んでいた．保護者の出身国によっては，子どものみで遊ばせることに慎重な文化的背景があり，遊び場の違いにはその価値観が反映された部分もあると考えられる．今後はそれぞれの具体的な実態に迫り，子ども同士の価値観や関係性がどのように作用しているのか，研究を進める必要がある．

分析2で確認した体力テストの結果について，階層的重回帰分析でSESやジェンダー，肥満度，スポーツ実施時間を統制しても移民ダミーが有意であった点は，これらの要因のみでは移民児童と日本人の体力・運動能力の差を十分に説明できないことを示唆する．先行研究では，日本の青少年はアジア主要都市と比較して全身持久力が高く，長期的傾向も異なることが報告されているため（Suzuki et al., 2016；Tomkinson et al., 2012），A小学校においても移民児童の来日前の環境や経験が影響した可能性も考えられる．加えて，現在経験している運動遊びやスポーツについても，本稿で変数として扱った実施の有無や時間だけでは十分に説明できない具体的な内容，動きの質や強度などの差異があり，体力・運動能力に影響している可能性もある．また，体力テストそのものへの慣れの差も一因と考えられる．著者らが体力テストの補助をした際，特に反復横跳びでは通訳を介しても細かなルールの伝達が難しく，理解が不十分なまま測定を行った児童もみられ，その影響が測定結果にも及んだと推察される（笹川スポーツ財団，2025）．

本稿では，移民児童と日本人のスポーツ実施状況や体力・運動能力を比較したが，移民児童のほうが有意に高い値を示した項目はみられなかった．移民児童の学校内外でのスポーツ経験を踏まえると，日本人の児童や教員，大人が「あたりまえ」と考える学校やクラブチームの制度，運動遊びやスポーツの文化を批判的に捉える視点が求められる．髙橋（2021）は，多文化化が進む社会においてマジョリティによって構築された既存の規範や慣習を問い直す重要性を指摘しているが，多様な人がともに楽しめるはずの運動遊びやスポーツにおいても，無意識のうちに移民の子どもたちが周辺化されてい

ないか検討する必要があるだろう．また，A小学校のように移民児童を多く抱える学校が今後増加する可能性を考慮すると，子どもの格差を論じる上では移民児童を視野に入れた，あるいは特化した研究の必要性が一層高まると考えられる．

VI. 今後の課題

最後に，本研究の限界と今後の課題を示したい．第一に，本研究は1つの小学校を対象とした事例研究であり，結論の一般化は難しい．II節で述べたように，移民は集住地域と非集住地域に居住し，さらに集住地域には多様な類型が存在する．今後は，異なる地域における事例研究の蓄積が必要となる．

第二に，移民内部の多様性に着目した詳細な調査と分析が課題として残る．移民の子どもに関する国内の研究では，文化的背景やジェンダー規範，エスニック・アイデンティティ，保護者の教育戦略などの多様性と，それらの違いが子どもの日常生活やアイデンティティ形成に与える影響が明らかにされている（三浦，2015，清水ほか，2021）．また，学力に関しては，移民の中でも移民世代や家庭での言語使用といった移民特有の要因によって，特に不利な立場に置かれる児童や生徒の存在が報告されている（Ishida et al., 2016；中原，2023）．こうした背景の違いは，スポーツの実施状況にも影響を及ぼす可能性があるが，本調査ではサンプルサイズの制約により詳細な分析は困難であった．今後，より精緻な調査や分析が求められる．

第三に，本調査はA小学校との共同事業として実施され，学校の意向を踏まえた調査項目を多く含むため，日本人の児童にも適用できる質問項目が調査票の大半を占めている．その結果，学校外の移民コミュニティ内での実態は十分に捉えきれていない．ただし，すべての移民児童がそのようなコミュニティに関与しているわけではなく，学校を通した調査であるからこそ対象に含めることができた児童も存在すると考えられる．今後は，学校外の実態把握と相互に補完し合う調査設計が望まれる．

冒頭で述べたように，スポーツは移民にとって障壁がある側面と，社会適応に資する側面の両方をもつ．本稿の結果は，主に移民にとっての障壁を示唆するものであった．しかし，植田・松村（2013）が指摘したようなスポーツの場を活用した創造的な対処や実践は，大人と同じ内容ではないにせよ，子どもの間でも生じる可能性が十分に考えられる．詳細を明らかにするためには量的・質的調査のさらなる蓄積と理論化が不可欠であり，今後の研究の発展が求められる．

本稿は日本体育社会学会第2回大会および日本体育・スポーツ・健康学会第74回大会での発表内容をもとに加筆・修正したものである．

謝辞 本研究の実施にあたっては，移民や外国籍児童・生徒の教育からみるナショナリズム・エスニシティ研究を専門とする高橋史子先生（東京大学大学院）より多大なご指導とご助言を賜りました．また，移民のスポーツに関しては，植田俊先生（東海大学），戸村貴史先生（福山大学）と意見交換を行い，貴重な示唆を得ることができました．ここに心より感謝の意を表します．

注

注1) A小学校では外国籍の児童を中心に転出入が多く，年間を通じて児童数が変動する．体力テストの実施率および質問紙調査の回収率は，それぞれの実施時点における児童数を母数として算出している．

注2) 10代半ば以降に移動し，1年以上居住する移民は「移民第一世代」，少なくとも片方の親が外国出身であり，第一世代の子にあたる移民は「移民第二世代」と称される．本調査対象の保護者の第一言語に加え，保護者および児童の日本での在住歴を考慮すると，多くが移民第二世代に該当すると推察される．

注3) 移民の定義については，国連による「通常の居住地以外の国に移動し，少なくとも12ヵ月間当該国に居住する人」が広く用いられるが，必ずしも一義的ではない．海外の研究においても，「移民」や「人種」「民族」の定義には研究者間で一貫性がなく，家庭での言語使用や親の出生地が基準とされる場合もある（Arzubiaga et al., 2009）．日本国内で移民の子どもを対象とした学術研究は，インタビューなどの質的調査が中心であり，その場

合にはプロフィールの詳細な把握が可能である．量的調査に関しては，主にはTIMSSなどの公的調査のオープンデータを利用した二次分析が行われ，親の出身国や国籍が移民を判別する変数として用いられている（Ishida et al., 2016；中室ほか，2016；須藤，2020；中原，2021，2023）．本調査では区およびA小学校との協議を踏まえ，国籍をたずねる質問項目は設けず，保護者の第一言語を判別の指標とした．なお，移民と日本人はそもそも二項対立の概念ではなく，ここで示しているのはあくまで分析上の変数の定義である．

注4）移民第二世代をさらに細分化した研究の蓄積が進み（清水ほか，2021），おおむね12歳頃までに親とともに移動した場合は「移民1.5世」，親の移住先の国で生まれ育った場合は「移民2世」と称される．図1の61％は，子ども自身が外国で生まれ，小学生までの間に日本に移動していることから，ほぼ移民1.5世に該当するといえる．本稿ではサンプル数が限られるため，この区分による分析は行わないが，両者の区別は言語の発達や子どもの経験などと関わり，研究や支援を考える上では重要である．

注5）分析対象者においては痩せと肥満の人数が同数であったため，平均値や標準偏差が同じ値となった．分析対象外の回答者（第一言語が無回答の者および1年生）を含めた全体では，痩せが16.7％，肥満が19.3％と，肥満の割合が若干高かった．

注6）スポーツ実施時間の影響が移民と日本人で異なるかを検討するため，交互作用項を投入した重回帰分析を追加で実施したが，統計的に有意ではなく（p＞0.10），両者の関連の差は認められなかった．この結果は，スポーツ実施時間が移民・日本人いずれにおいても体力向上に寄与する可能性を示唆する．一方で，移民・日本人それぞれの群で重回帰分析を行った結果，いずれの項目においてもスポーツ実施時間の回帰係数（β）は正の値を示したものの，日本人では4項目すべてで有意な関連がみられたのに対し，移民では反復横跳びとシャトルランのみで有意となった．移民のみ一部の項目で有意な関連が確認されなかった点については，サンプル数の制約により統計的な検出力が十分でなかった可能性も考えられる．グループ間の関連の違いについては慎重な解釈が求められ，今後より精緻な研究が必要である．

文　献

Arzubiaga, A. E., Noguerón, S. C., and Sullivan, A. L.（2009）The education of children in im/migrant families. Review of Research in Education, 33（1）：246-271.

千葉直樹・海老原修（1999）トップ・アスリートにおける操作的越境からのシークレット・メッセージ．スポーツ社会学研究，7：44-54.

Doherty, A., and Taylor, T.（2007）Sport and physical recreation in the settlement of immigrant youth. Leisure/loisir, 31（1）：27-55.

Hertting, K., and Karlefors, I.（2013）Sport as a context for integration：Newly arrived immigrant children in Sweden drawing sporting experiences. International Journal of Humanities and Social Science, 3（18）：35-44.

今西ひとみ（2021）米国の子ども向け地域スポーツ活動：日本人家庭にみる異文化適応戦略．明石書店．

Ishida, K., Nakamuro, M., and Takenaka, A.（2016）The academic achievement of immigrant children in Japan：An empirical analysis of the assimilation hypothesis. Educational Studies in Japan, 10：93-107.

石原豊一（2011）グローバルスポーツに包摂されるアフリカ：スポーツを通じた開発援助とスポーツ労働移民．アフリカ研究，79：1-11.

金南咲季（2019）地域：見慣れた風景と出会いなおす．額賀美紗子ほか編，移民から教育を考える：子どもたちをとりまくグローバル時代の課題．ナカニシヤ出版，pp. 105-116.

権学俊・武田悠希（2014）日本社会における異質な他者の受容と抵抗に関する一考察：大相撲における外国人力士を中心に．日本語文学，64：427-454.

三浦綾希子（2015）ニューカマーの子どもと移民コミュニティ：第二世代のエスニックアイデンティ．勁草書房．

文部科学省（2024）令和5年度日本語指導が必要な児童生徒の受入状況等に関する調査結果について．https://www.mext.go.jp/content/20240808-mxt_kyokoku-000007294_04.pdf，（参照日2025年2月17日）

中原慧（2021）移民的背景といじめ―TIMSSを用いた実証的分析―．京都社会学年報，29：25-47.

中原慧（2023）移民的背景のある児童の学力に関する分析―移民世代と親の出生地の組み合わせに着目して―．社会学評論，74（1）：105-121.

中室牧子・石田賢示・竹中歩（2016）定住外国人の子どもの学習時間についての実証分析．経済分析，190：47-68.

額賀美紗子（2021）イントロダクション：多様化する移民第二世代のエスニック・アイデンティティ．清水睦美ほか著．日本社会の移民第二世代：エスニシティ間比較でとらえる「ニューカマー」の子どもたちの今．明石書店，pp. 43-68.

笹川スポーツ財団（2025）東京23区内A小学校共

同研究 国際化が進む公立小学校における子どもの運動・スポーツ実態調査.

Sato, T., Kataoka, C., Miller, R. T., Tomura, T., Furuta, Y., and Kizuka, H.（2024a）Japanese elementary teachers' problem-based learning through online professional development on teaching Japanese language learners in physical education. Journal of Digital Life, 4（SpecialIssue）, doi:10.51015/jdl.2024.4.S1

Sato, T., Kataoka, C., Miller, R. T., Furuta, Y., Ikeshita, M., Abe, Y., Higashiura, Y., and Nakayama, S.（2024b）Japanese health and physical education teachers' positioning in teaching Japanese language learners in high school physical education. Physical Education and Sport Pedagogy, doi:10.1080/17408989.2024.2374272

清水睦美（2006）ニューカマーの子どもたち―学校と家族の間の日常世界. 勁草書房.

清水睦美・児島明・角替弘規・額賀美紗子・三浦綾希子・坪田光平（2021）日本社会の移民第二世代：エスニシティ間比較でとらえる「ニューカマー」の子どもたちの今. 明石書店.

須藤康介（2020）外国にルーツを持つ生徒の学力の実態分析：全国レベルの量的把握の試み. 社会と調査, 25：56-67.

Suzuki K, Naito H, Balasekaran G, Song, J, K., Liou, Y, M., Lu, D, Poh, B, K., Kijboonchoo, K., and Hui, S, S.（2016）Japanese adolescents are the most physically fit and active in east and southeast Asia. Juntendo Medical Journal, 62：96-98.

髙橋史子（2021）移民児童生徒に対する教員のまなざし：多文化社会における社会化を問う. 恒吉僚子・額賀美紗子編. 新グローバル時代に挑む日本の教育：多文化社会を考える比較教育学の視座. 東京大学出版会, pp. 47-60.

Tomkinson, G. R., Macfarlane, D., Noi, S., Kim, D. Y., Wang, Z., and Hong, R.（2012）Temporal changes in long-distance running performance of Asian children between 1964 and 2009. Sports Medicine, 42：267-279.

Tomura, T., Sato, T., Miller, R. T., and Furuta, Y.（2024）Japanese elementary classroom teachers' experiences with parental involvement of immigrants regarding physical education. Education 3-13, 52（2）：185-200.

植田俊（2022）移民・グローバリゼーション・ローカリゼーション―スポーツをめぐる越境現象からみえる制度・アイデンティティ・地域社会. 高峰修ほか編著. 現代社会とスポーツの社会学. 杏林書院, pp. 146-157.

植田俊・松村和則（2013）セーフティネット化する移民のスポーツ空間：群馬県大泉町のブラジル・フットサル・センター（BFC）の事例. 体育学研究, 58（2）：445-461.

渡戸一郎（2006）地域社会の構造と空間―移動・移民とエスニシティ. 似田貝香門監, 田村敬志編, 地域社会学講座第1巻 地域社会学の視座と方法. 東信堂, pp. 110-130.

（2025 年 2 月 25 日 受理）

原著論文

日本における車椅子ソフトボールを通じた
肢体不自由者と健常者の関係性構築に関する実証的研究

中村　真博[1)]　　松尾　哲矢[2)]

Masahiro Nakamura[1] and Tetsuya Matsuo[2]: An empirical research on relationship building between people with and without disabilities through wheelchair softball in Japan. Annu. Rev. Sociol. Sport. Phys. Educ.

Abstract: The purpose of this study is to clarify how wheelchair softball players in Japan, which is players with disabilities（PWD）and players without disabilities（PWOD）, build relationships from the viewpoints of "relationship in sport" and "space in sport".

Previous studies of relationship building between PWD and PWOD through sport have pointed out they use manners appropriate to the distance and space between them and the other person. However, the quantitative approach has not been examined to determine what trends or aspects may be observed.

Therefore, this study was conducted using a web questionnaire survey from February to March 2020. 116 （61 PWD, 55 PWOD）valid responses could be obtained. The main survey items were basic information about wheelchair softball, content of conversations in different spaces in sport and behaviors in different relationships in sport.

In this study, a two-way ANOVA was conducted using the factors of "content of conversations in space in sport" or "behaviors of relationship in sport" and "PWD or PWOD". Main results are as follows.

1）The conversations that are essential to wheelchair softball, such as "type and degree of disability," are more likely to take place "in-court", and conversations about players' personal information are more likely to take place at practice than at tournaments.

2）Disability-related behavior such as "information gathering" and "careful probing" tended to be more common with "new players". On the other hand, the behavior of "teasing" and "being teased" about disability and play was more common for "close players" than for "new players", and the frequency of "being teased" tended to be higher for PWOD than for PWD.

The results of the survey suggest that wheelchair softball players practice sensitive consideration by switching their behavior according to "space in sport" and "relationship in sport".

In particular, it was suggested that one of the peculiarities of "space in sport" is that it is a space where even PWOD can be exposed to the disabilities of PWD because "in-court" is an essential condition for both PWD and PWOD to play together.

It was also suggested that a characteristic aspect of consideration was to neutralise the mistakes of PWOD by grasping their role and expectations and by "teasing".

1）常葉大学教育学部
　　〒 422-8581　静岡市駿河区弥生町 6-1
2）立教大学スポーツウエルネス学部
　　〒 352-8558　埼玉県新座市北野 1-2-26
連絡先　中村真博

1. *Faculty of Education, Tokoha University*
　6-1 Yayoicho, Suruga-ku, Shizuoka, 422-8581
2. *College of Sport and Wellness, Rikkyo University*
　1-2-26 Kitano, Niiza, Saitama, 352-8558
　Corresponding author　m.1020.nakamura@gmail.com

Key words: social interaction, communication, space in sport
キーワード：相互行為，コミュニケーション，スポーツ空間

I 緒 言

　近年，障害の有無，ジェンダー，人種等にかかわらず，多様性の尊重に基づく社会のあり方と関係性構築の方法が問われている．そのなかで障害者スポーツの領域においても，スポーツによる障害者と健常者の関係性構築とインクルーシブ社会形成の可能性が指摘されている（International Paralympic Committee, online）．

　しかし，障害者スポーツにおいては「障害」の存在により障害者と健常者の関係性構築における困難や特徴的な様相も存在するものと考えられ，障害者と健常者がともにスポーツに参画すれば両者の関係が構築されると単純に捉えることは危険であろう．インクルーシブ社会の形成に向けては，スポーツを通じた障害者と健常者の関係性がどのように構築されているかについての検討が不可欠である．

　好井（2002）は，関係性構築の基盤となる他者理解について，心の次元の問題ではなく相互行為の次元にある問題であり，日常的な相互のやり取りに着目することの重要性を指摘する（好井，2002，pp.107-108）．また，ゴッフマン（1980）は他者とコミュニケーションをとる際，規範に従ってその状況に適切な行為が求められ，自身の行為を修正していると指摘する（ゴッフマン，1980，p.261）．すなわち，障害者と健常者の関係性構築を検討するにあたっては，障害者もしくは健常者どちらかのみを対象とするのではなく，双方が日常的な活動場面でいかなる相互行為を実践し，コミュニケーションをとる際には，どのような規範に従ってその状況に適切な行為，いわば「作法」が展開されているのかについて着目する必要があるといえよう．

　そこで，障害者と健常者の相互行為の実践に着目し，コミュニケーションの作法を検討している研究について，主に障害学，ならびにスポーツをめぐる両者の関係に着目した研究を概観してみたい．

　まず，障害学における障害者と健常者の日常的な相互行為に関する研究としては，障害当事者と介助者（健常者）に着目した研究，具体的には，障害者の意思決定過程をめぐり，介助者とどのような相互行為がなされているかに関する研究が挙げられる．前田（2009），石島（2016），天畠（2022）などは，障害者運動が展開されていた時代の介助においては障害者がすべての判断と行動を行い，介助者が単に手足となり行動するということが求められていたが，現代の介助場面においては，障害者の意思を汲み取った介助者の判断によって介助行動が生起される一方で，障害者は介助者の技量を判断して介助を依頼するかどうかを決定するなど，双方の相互行為によって介助行動が生起している様相を明らかにしている．これら障害学における知見は，一般的に日常生活の延長として実施され，活動の前後で少なからず介助を必要とする場面が存在する障害者スポーツにおいても大変示唆的である．

　次に，障害者スポーツの実践がなされる際に用いられるコミュニケーションの作法やその様相について検討した研究としては，渡（2005），河西（2010，2015），玉置（2015，2021），中村（2018），植田ら（2022）などが挙げられる．なかでも玉置（2021）や植田ら（2022），中村（2018）は障害者スポーツを通じた相互行為を分析する際に障害者と健常者の双方の論理を明らかにすることの重要性を指摘し検討を行っている．玉置（2021）は，障害者水泳の指導員と生徒の関係性に焦点を当て，障害を持つ「当事者」の主観的意味世界を明らかにする従来の知的障害（者）研究とは異なり，「健常者」がどのような技法を用い「当事者」と「つながる」のかを明らかにすることを目的とした研究を行っている．そのなかで「当事者」にニーズを訊ねるだけでなく，「待つ」という行為を通

じ「その人固有の流れ」を感じ,「やるべきことを一緒につくる」というスタンスが要請されていることを明らかにしている.また,植田ら(2022)は,ブラインドマラソンを行う視覚障害者ランナーと伴走者のつながりに焦点を当てた参与観察を行い,伴走者は基本原則に則った伴走を行うのみならず,ランナーに合わせてそれをカスタマイズするという双方向的なガイドのあり方が求められていることを指摘している.

これらの研究は,障害者と健常者が関係性を構築するうえでの作法を示す研究であり大変示唆的であるが,他者とコミュニケーションをとる際には規範に従ってその状況に適切な行為が求められるという上述した内容を勘案した場合,それがどのような状況や条件によって生起するのかについてさらに検討する必要がある.コミュニケーションをとる際の状況や条件に関連して,菅野(2003)は「人と人との『距離』ということに私たちが敏感になる必要がある」(菅野,2003,p.154)と指摘し,ゴッフマン(1980)は場所と時間が定められた「社会的場面」に適した行為が求められる(ゴッフマン,1980,pp.20-23)と指摘する.

これらの状況や条件を踏まえた研究として,中村(2018)は車椅子ソフトボールを行う障害者と健常者の関係性の変容過程とその様相を明らかにすることを目的とした半構造化インタビューを実施し,選手が自身と他の選手との関係性の変容段階に応じて相互行為における態度や言動を変化させること,またその空間に応じて様々な「配慮」を行っている様相を示唆している.中村(2018)は,相互行為における他者との関係性の段階(親密度)やスポーツ空間といったコミュニケーションをとる際の状況や条件に応じた「配慮」の様相に言及しており,関係性構築を検討するうえで重要な視点を提示した研究だといえよう.しかしながら,親密度や空間の相違によってどのようなコミュニケーションが生起しているのか,状況や条件といった要素間の関係はどのように把握できるのかという点については,限界を有していると言わざるを得ない.

以上を踏まえると,関係性を構築する際の状況や条件に応じた行為の発現と要素間の関係性,およびその傾向を明らかにするために量的アプローチを用いて分析することは,状況や条件に応じて相互行為がどのように発現しているのかを横断的に明らかにできるという意味において,また,障害の有無や他者との親密度,スポーツ空間等の要素間の関係性を統計的に把握できるという意味において有効性をもつものと思われる.

そこで本研究では,身体的差異が可視化されることによって「障害」に対する意識が顕在化しやすいと考えられる「肢体不自由者」と「健常者」を対象として,横断的,量的アプローチを用い,スポーツ実践における親密度やスポーツ空間に応じたコミュニケーション上での「作法」の傾向とその特徴について検討することを目的とする.

Ⅱ 調査枠組みの提示

肢体不自由者と健常者の関係性を検討する場合,一般的に他者との関係性の深まりは段階的に生起すると考えられるため,上述したように関係性の段階を視座に入れる必要がある.また,スポーツを通した関係性構築という場合のスポーツ空間は,実際にスポーツを行う空間のみで構成されているわけではないため,スポーツ空間の構造についても検討する必要がある.

まず関係性の段階について,菅野(2003)は「事実的な」関係,「知人関係」「親密な関係」の3つに分けて検討している.「事実的な」関係(目的結合)は,一定の明確で合理的な目的に基づく関係(菅野,2003,p.140)である.「知人関係」は,「事実的な」関係と「親密な関係」の中間に位置し,「何かのパーティの場で知り合ったとか会社の取り引きの関係上名刺交換をして顔見知りになっているとかそういう程度の関係」(菅野,2003,p.143)を意味する.「親密な関係」は,「友人関係や夫婦関係」といった関係性を意味し,親密だからこそ「あますところなく溶けあいたい」という欲望に駆られるが,「自己顕示と自己抑制」のバランスが重要であるという(菅野,2003,pp.148-153).また,相互行為の際の相手との「距離感」に基づき行

動を選択することの重要性を指摘しており（菅野，2003, p. 229），関係性の変容およびその様相を捉える視点として示唆的である．

次に，スポーツ空間について，荒井（1984, 1987）は「実社会」「コートの中」「コートの外」という3つの概念を提示し，「コートの外」空間は能力の世界ではなく，人間があるがままに受け入れられる人格の世界であるため，「コートの外」が存在してこそ，「実社会」と「コートの中」ともまた異なる行為や役割が求められ，分離性（スポーツの根本）は確固としたものになりやすいと指摘する．したがって，スポーツ空間を捉える際には「コートの中」のみならず「コートの外」にも着目することが重要であると考えられる．

以上の議論を踏まえ，車椅子ソフトボールにおける肢体不自由者と健常者の関係性構築を把握するための調査枠組みを図示したものが図1である．

III 調査概要

1. 調査対象・時期

本調査は日本における車椅子ソフトボールを対象とする．その理由は，一般社団法人日本車椅子ソフトボール協会（以下「JWSA」と略す）が活動開始当初より，障害の有無や性別，年齢など分け隔てなく，誰もが同じフィールドで楽しむことをコンセプトとして掲げ，健常者が公式戦にも出場できるため，肢体不自由者と健常者の関係性構築を明らかにするにあたり適切であると考えられるからである．なお，詳細は省略するが，日本における車椅子ソフトボールでは，程度や種別の異なる様々な障害を持った選手，さらには健常者や幅広い年齢層にプレーの機会が与えられるよう，各個人の障害レベルや年齢，性別等に応じて「クラス分け」を行い，そのうえで団体競技としての公平性を担保するために「持ち点制」を採用している．

調査は2020年2月1日から3月31日までの2ヶ月間に，2019年度JWSA登録選手378名を対象として実施した（有効回答数116部,

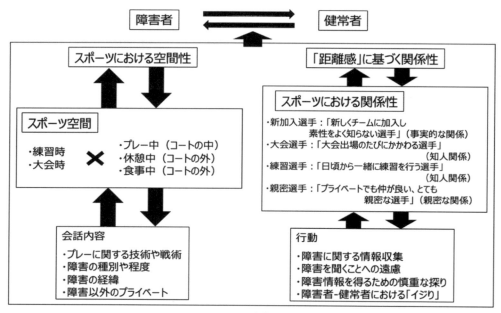

図1　調査枠組み

有効回答率 30.7%）．サンプル特性は表 1 の通りである．

2．調査の方法

インターネットを用いたアンケート調査を実施した．具体的には，JWSA より各チームの代表者に向けアンケート調査への回答を依頼し，各チーム所属選手から回答を得た．また，アンケートに関する情報については，2020 年 2 月 14，15 日に開催された第 7 回北九州車椅子ソフトボール大会にて参加チームの代表者に再度周知した．

3．調査項目

調査項目は，先述した分析視点および本研究と同様に車椅子ソフトボールを対象に障害者と健常者の関係性構築について検討した中村（2018）の調査結果を参考に，年齢や性別，障害の有無などの「基本的属性（8 項目）」，「車椅子ソフトボールに関する基礎情報（3 項目）」「スポーツ空間ごとの会話内容に関する項目（25 項目）」，「相手との『スポーツにおける関係性』ごとの行動に関する項目（44 項目）」で構成した．具体的には下記の通りである．

まず「スポーツ空間ごとの会話内容に関する項目（25 項目）」について，スポーツ空間は，練習および大会時の「プレー中」，「休憩中」，「食事中」という 6 場面で捉えることとする．また，「スポーツ空間」に応じて表出する会話内容については「プレーに関する技術や戦術」，「障害の種別や程度」，「障害の経緯」，「障害以外のプライベート」として捉えることとする．

次に「相手との『スポーツにおける関係性』ごとの行動に関する項目（44 項目）」について，相手との「スポーツにおける関係性」については，「新しくチームに加入し素性をよく知らない選手」を最も浅い関係性とし，「プライベートでも仲が良い，とても親密な選手」を最も深い関係性と定義する．また，菅野の示す「知人関係」として「大会出場のたびにかかわる選手」と定義した．「スポーツにおける関係性」に応じて表出する実際の行動については「障害選手に対してプレーに必要な障害に関する情報収集を行う」（以下「情報収集」と略す），「障害選手の障害について聞くことに対して遠慮する」（以下「遠慮」と略す），「障害選手の障害に関する情報を得るために相手の反応を確認しながら慎重な探りを行う」（以下「慎重な探り」と略す），「障害選手が健常選手の / 健常選手が障害選手のプレーを『イジる』」（以下「障害者—健常者間プレーイジり」と略す），「障害選手が障害選手の / 健常選手が健常選手のプレーを

表 1　回答者の属性

		n	%			n	%
				障害の有無	有	61	52.6
	10 代未満	1	0.9		無	55	47.4
	10 代	14	12.1	競技歴	1 年未満	26	22.4
	20 代	54	46.6		1～2 年	31	26.7
年齢	30 代	19	16.4		3～4 年	39	33.6
	40 代	21	18.1		5 年以上	20	17.2
	50 代	6	5.2		0	14	12.1
	60 代以上	1	0.9		1 点	14	12.1
				持ち点	2 点	23	19.2
					3 点	10	8.6
	男性	95	81.9		健常選手	55	47.4
性別	女性	21	18.1				

『イジる』」（以下「障害者間／健常者間プレーイジり」と略す），「障害選手が健常選手に／健常選手が障害選手にプレーを『イジられる』」（以下「障害者─健常者間プレーイジられ」と略す），「障害選手が障害選手に／健常選手が健常選手にプレーを『イジられる』」（以下「障害者間／健常者間プレーイジられ」と略す），「障害選手の障害を『イジる』」（以下「障害イジり」と略す）という8項目を設定した．

以上の会話内容および行動については「全くない」を1点，「よくある」を4点とする順序尺度として回答を得た．

4. 分析の方法

調査枠組みに基づき，「スポーツ空間ごとの会話内容」および「相手との『スポーツにおける関係性』ごとの行動」と「障害の有無」を要因とする二元配置分散分析を行った．なお，有意な主効果または交互作用が認められた場合には，事後検定として Bonferroni 法による多重比較を行った．また，データの分析には統計解析プログラム HAD ver. 17.102 を使用し（清水，2016），統計学的有意水準は全て5%に設定した．

5. 倫理的配慮

倫理的配慮として立教大学コミュニティ福祉学部倫理委員会の承認を得て実施した（承認番号：KOMI19013A）．本調査の趣旨や回答は自由であること，プライバシーと匿名化は厳守されること等が記載された説明文をアンケートの冒頭に用意し，調査に同意した人のみ回答を求めた．

Ⅳ 調査結果

1. スポーツ空間と障害の有無による会話内容

車椅子ソフトボールを通じた障害選手と健常選手の会話内容について，スポーツ空間と障害の有無を要因とした二元配置分散分析を行った（表2）．

まず，「プレーに関する技術や戦術についての会話」に関して，スポーツ空間の主効果（$F_{(5.470)}$ = 5.60, $p < .001$）が有意であった．

「練習時の食事中」（M = 3.21 ± 0.78）において最も低く，「大会時のプレー中」（M = 3.46 ± 0.66）において最も高かった．また，スポーツ空間と障害の有無の交互作用（$F_{(5.470)}$ = 2.83, $p < .05$）が確認され，「大会時のプレー中」においては障害選手（M = 3.28 ± 0.68）よりも健常選手（M = 3.69 ± 0.56）の方が有意に高い値であった．

次に，「障害の種別や程度についての会話」に関して，スポーツ空間の主効果（$F_{(5.470)}$ = 5.09, $p < .001$）が有意であった．「大会時の休憩中」（M = 2.75 ± 0.96）および「大会時の食事中」（M = 2.76 ± 0.94）において有意に低く，「練習時のプレー中」（M = 3.00 ± 0.97）において有意に高かった．また，スポーツ空間と障害の有無の交互作用（$F_{(5.470)}$ = 3.12, $p < .05$）が確認され，「大会時の食事中」においては健常選手（M = 2.52 ± 1.02）よりも障害選手（M = 2.94 ± 0.83）の方が有意に高い結果であった．

また，「障害の経緯についての会話」に関して，障害の有無の主効果（$F_{(1.94)}$ = 4.74, $p < .05$）およびスポーツ空間の主効果（$F_{(5.470)}$ = 9.45, $p < .01$）が有意であった．障害の有無においては，健常選手（M = 2.46 ± 1.07）よりも障害選手（M = 2.84 ± 0.95）の方が有意に高く，スポーツ空間においては，「大会時」（M = 2.53 ± 1.04）よりも「練習時」（M = 2.82 ± 0.97）の方が有意に高い値であった．また，スポーツ空間と障害の有無の交互作用（$F_{(5.470)}$ = 2.43, $p < .05$）が確認され，「大会時の休憩中」において障害選手（M = 2.74 ± 0.96），健常選手（M = 2.14 ± 1.03），「大会時の食事中」において障害選手（M = 2.83 ± 0.95），健常選手（M = 2.24 ± 1.03）となり，健常選手よりも障害選手の方が有意に高かった．

さらには，「障害以外のプライベートについての会話」に関して，スポーツ空間の主効果（$F_{(5.470)}$ = 11.56, $p < .001$）が有意であった．「大会時」（M = 3.11 ± 0.92）よりも「練習時」（M = 3.40 ± 0.72）の方が有意に高い結果であった．

表2 スポーツ空間と障害の有無を要因とした二元配置分散分析結果

		Mean	SD	障害の有無				障害の有無の主効果		空間別の主効果		多重比較	
				有 (n=54)		無 (n=42)							
				Mean	SD	Mean	SD	F値	偏η2	F値	偏η2	F値	偏η2
技術や戦術	A. 練習プレー	3.43	0.71	3.33	0.73	3.55	0.67	2.17	.023	5.60***	.060	2.83*	.029
	B. 練習休憩	3.41	0.72	3.33	0.70	3.50	0.74			C<A, B, D, E		D：有<無	
	C. 練習食事	3.21	0.78	3.17	0.80	3.26	0.77			F<D			
	D. 大会プレー	3.46	0.66	3.28	0.68	3.69	0.56						
	E. 大会休憩	3.44	0.69	3.33	0.73	3.57	0.63						
	F. 大会食事	3.31	0.79	3.31	0.75	3.31	0.84						
障害の種別や程度	A. 練習プレー	3.00	0.97	2.94	0.98	3.07	0.97	0.69	.007	5.09***	.051	3.12*	.032
	B. 練習休憩	2.96	0.94	3.02	0.86	2.88	1.04			E, F<A		F：無<有	
	C. 練習食事	2.94	0.93	2.94	0.88	2.93	1.00						
	D. 大会プレー	2.78	0.99	2.83	0.97	2.71	1.02						
	E. 大会休憩	2.75	0.96	2.87	0.89	2.60	1.04						
	F. 大会食事	2.76	0.94	2.94	0.83	2.52	1.02						
障害の経緯	A. 練習プレー	2.85	0.98	2.94	0.98	2.74	0.99	4.74*	.048	9.45**	.091	2.43*	.025
	B. 練習休憩	2.79	0.97	2.89	0.88	2.67	1.10	無<有		D, E, F<A, B, C		E, F：無<有	
	C. 練習食事	2.81	0.93	2.94	0.90	2.64	1.03						
	D. 大会プレー	2.53	1.20	2.70	1.04	2.31	1.14						
	E. 大会休憩	2.48	1.05	2.74	0.96	2.14	1.03						
	F. 大会食事	2.57	1.05	2.83	0.95	2.24	1.03						
プライベート	A. 練習プレー	3.35	0.77	3.19	0.80	3.57	0.67	3.62	.037	11.56***	.110	1.79	.019
	B. 練習休憩	3.40	0.52	3.24	0.75	3.60	0.63			D, E, F<A, B		A, B, C：有<無	
	C. 練習食事	3.46	0.48	3.30	0.74	3.67	0.57			D, E, F<C			
	D. 大会プレー	3.02	0.88	2.98	0.92	3.07	0.97						
	E. 大会休憩	3.08	0.88	3.06	0.88	3.12	1.02						
	F. 大会食事	3.24	0.77	3.11	0.88	3.40	0.86						

スポーツ空間ごとの会話内容

*p<.05, **p<.01, ***p<.001

2.「スポーツにおける関係性」と障害の有無からみた対面的相互行為

車椅子ソフトボールを通じた障害選手と健常選手の対面的相互行為について,「スポーツにおける関係性」と障害の有無を要因とした二元配置分散分析を行った（表3）.

まず,「情報収集」に関して,「スポーツにおける関係性」の主効果（$F(3.156) = 3.38$, $p < .05$）が有意であり,「練習選手」（$M = 2.60 \pm 0.94$）よりも「新加入選手」（$M = 3.04 \pm 0.89$）の方が有意に高かった.

次に,「遠慮」に関して,「スポーツにおける関係性」の主効果（$F(3.156) = 6.14$, $p < .01$）が有意であり,「親密選手」（$M = 1.94 \pm 0.90$）よりも「大会選手」（$M = 2.52 \pm 0.86$）および「練習選手」（$M = 2.46 \pm 0.91$）の方が有意に高い値であった.

また,「慎重な探り」に関して,「スポーツにおける関係性」の主効果（$F(3.156) = 8.19$, $p < .001$）が有意であり,「大会選手」（$M = 2.48 \pm 0.89$）,「練習選手」（$M = 2.37 \pm 0.98$）および「親密選手」（$M = 2.28 \pm 1.07$）よりも「新加入選手」（$M = 2.90 \pm 1.02$）の方が有意に高かった.

さらには,「障害者—健常者間プレーイジり」に関して,「スポーツにおける関係性」の主効果（$F(3.156) = 7.17$, $p < .001$）が有意であり,「新加入選手」（$M = 2.15 \pm 0.98$）,「大会選手」（$M = 2.06 \pm 1.11$）および「練習選手」（$M = 2.23 \pm 1.08$）よりも「親密選手」（$M = 2.57 \pm 1.24$）の方が有意に高い値であった.

次に,「障害者間/健常者間プレーイジり」に関して,「スポーツにおける関係性」の主効果（$F(3.156) = 6.10$, $p < .01$）が有意であり,「新加入選手」（$M = 2.22 \pm 1.11$）,「大会選手」（$M = 2.19 \pm 1.10$）および「練習選手」（$M = 2.32 \pm 1.11$）よりも「親密選手」（$M = 2.65 \pm 1.26$）の方が有意に高いという結果であった.

また,「障害者—健常者間プレーイジられ」に関して, 障害の有無の主効果（$F(1.52) = 17.84$, $p < .001$）および「スポーツにおける関係性」の主効果（$F(3.156) = 15.62$, $p < .001$）が有意であった. 障害の有無においては, 障害選手（$M = 1.87 \pm 0.90$）よりも健常選手（$M = 2.75 \pm 1.16$）の方が有意に高かった.「スポーツにおける関係性」に関しては,「新加入選手」（$M = 1.80 \pm 0.94$）で最も低く,「親密選手」（$M = 2.67 \pm 1.18$）で最も高いという結果であった.

続いて,「障害者間/健常者間プレーイジられ」に関して, 障害の有無の主効果（$F(1.52) = 17.69$, $p < .001$）および「スポーツにおける関係性」の主効果（$F(3.156) = 16.71$, $p < .001$）が有意であった. 障害の有無においては, 障害選手（$M = 1.88 \pm 0.89$）よりも健常選手（$M = 2.75 \pm 1.16$）の方が有意に高い値であった. また,「スポーツにおける関係性」においては,「新加入選手」（$M = 1.82 \pm 0.89$）において最も低く,「親密選手」（$M = 2.70 \pm 1.21$）において最も高かった. さらに, 障害の有無と「スポーツにおける関係性」の交互作用（$F(3.156) = 3.24$, $p < .05$）が確認され,「大会選手」では障害選手（$M = 1.67 \pm 0.69$）, 健常選手（$M = 2.81 \pm 0.98$）,「練習選手」では障害選手（$M = 1.91 \pm 0.88$）, 健常選手（$M = 2.76 \pm 1.22$）,「親密選手」では障害選手（$M = 2.27 \pm 1.13$）, 健常選手（$M = 3.38 \pm 1.02$）という結果であり, 障害選手よりも健常選手の方が有意に高い結果であった.

「障害イジり」に関しては主効果および交互作用は認められなかった.

Ⅴ 考 察

以上の調査結果について, 車椅子ソフトボールを通じ障害選手と健常選手が関係性を構築する際, スポーツ空間およびスポーツにおける関係性に応じてどのような特徴や様相がみられるのか, その頻度に着目し検討する.

検討に際し, 河西（2010）や渡（2012）は障害者と健常者の身体性の差異を理解し, いかに振る舞うか（作法）という点を把握することの重要性を論じており, 障害選手の障害についていかに触れるかという観点, また, 高い期待が寄せられる健常選手のプレーやその評価をめぐり障害選手はいかなる対応をとっているのか

表3　スポーツにおける関係性と障害の有無を要因とした二元配置分散分析結果

				障害の有無				障害の有無の主効果		関係別の主効果		多重比較	
		Mean	SD	有 (n=33) Mean	SD	無 (n=21) Mean	SD	F値	偏η2	F値	偏η2	F値	偏η2
情報収集	1. 新加入選手	3.04	0.89	3.18	0.85	2.81	0.93	3.73	.067	3.38*	.061	0.07	.001
	2. 大会選手	2.76	0.95	2.94	0.83	2.48	1.08			3 < 1			
	3. 練習選手	2.60	0.94	2.73	0.98	2.38	0.86						
	4. 親密選手	2.78	1.11	2.94	1.06	2.52	1.17						
遠慮	1. 新加入選手	2.37	0.98	2.24	1.03	2.57	0.87	0.98	.019	6.14**	.106	1.572	.029
	2. 大会選手	2.52	0.86	2.58	0.90	2.43	0.87			4 < 2, 3			
	3. 練習選手	2.46	0.91	2.39	0.90	2.57	0.93						
	4. 親密選手	1.94	0.90	1.79	0.93	2.19	0.81						
慎重な探り	1. 新加入選手	2.90	1.02	2.70	1.10	3.19	0.81	0.61	.012	8.19***	.136	1.59	.030
	2. 大会選手	2.48	0.89	2.48	0.94	2.48	0.81			2, 3, 4 < 1			
	3. 練習選手	2.37	0.98	2.39	0.97	2.33	1.02						
	4. 親密選手	2.28	1.07	2.18	1.01	2.43	1.16						
障害者ー健常者間プレーイジり	1. 新加入選手	2.15	0.98	2.18	1.04	2.10	0.89	0.73	.014	7.17***	.121	1.96	.036
	2. 大会選手	2.06	1.11	2.00	1.09	2.14	1.15			1, 2, 3 < 4			
	3. 練習選手	2.23	1.08	2.18	1.04	2.48	1.12						
	4. 親密選手	2.57	1.24	2.36	1.22	2.90	1.22						
障害者間/健常者間プレーイジり	1. 新加入選手	2.22	1.11	2.12	1.05	2.38	1.20	2.95	.054	6.10**	.105	0.89	.017
	2. 大会選手	2.19	1.10	1.97	1.05	2.52	1.12			1, 2, 3 < 4		4：有＜無	
	3. 練習選手	2.32	1.11	2.15	1.06	2.57	1.16						
	4. 親密選手	2.65	1.26	2.39	1.25	3.05	1.20						
障害者ー健常者間プレーイジられ	1. 新加入選手	1.80	0.94	1.64	0.74	2.05	1.16	17.84***	.255	15.62***	.231	2.62	.048
	2. 大会選手	2.09	1.00	1.67	0.74	2.76	1.00	有＜無		1<2=3<4		2, 3, 4：有＜無	
	3. 練習選手	2.30	1.11	1.94	0.90	2.86	1.20						
	4. 親密選手	2.67	1.18	2.24	1.09	3.33	1.02						
障害者間/健常者間プレーイジられ	1. 新加入選手	1.82	0.89	1.67	0.69	2.05	1.12	17.69***	.254	16.71***	.243	3.24*	.059
	2. 大会選手	2.11	0.98	1.67	0.69	2.81	0.98	有＜無		1<2=3<4		2, 3, 4：有＜無	
	3. 練習選手	2.24	1.10	1.91	0.88	2.76	1.22						
	4. 親密選手	2.70	1.21	2.27	1.13	3.38	1.02						
障害イジり	1. 新加入選手	1.96	1.05	2.12	1.14	1.71	0.85	0.98	.018	1.92	.036	0.43	.008
	2. 大会選手	1.85	0.96	1.94	1.00	1.71	0.90						
	3. 練習選手	2.02	1.02	2.09	1.04	1.90	1.00						
	4. 親密選手	2.11	1.11	2.18	1.21	2.00	0.95						

*p＜.05, **p＜.01, ***p＜.001

という観点は，肢体不自由者と健常者が関係性を構築する際に重要だと考えられる．したがって，この2点に関連する調査項目の結果に着目し検討する．

1．障害選手の障害についていかに触れるのか

調査結果より，車椅子ソフトボール選手の相互行為においては，スポーツ空間によって障害に関する会話や行動の頻度が異なることが明らかになった．具体的には，「障害の種別や程度」「障害の経緯」など，障害選手の障害についての会話の頻度は，他のスポーツ空間と比較すると「練習時のプレー中」において有意に頻度が高く，障害の有無に着目すると健常選手―障害選手間では大きな差異は認められなかった．一方，他のスポーツ空間と比較すると「大会時の食事中」において相対的に低く，健常選手―障害選手間で比較すると健常選手の方が有意に低い頻度となっていた．

中村（2018）は，「練習や大会といった，上下関係や役割が与えられた『コートの中』では話すことのできない障がい選手の障がいや日常に関しての語りが誘発され，無礼講として慎重な探りも許される食事会が，障がい選手と健常選手の関係性の変容に大きな機能を果たしている」（中村，2018，p.144）と指摘する．

しかし，本調査結果では「障害の種別や程度」に関する会話は，健常選手―障害選手間で大きな差異は認められず，コートの中である「練習時のプレー中」において高い頻度となっている．この点については，「コートの中」では障害選手と健常選手がともにプレーをするうえで，腹筋や背筋の効き方，四肢の可動範囲など，障害の程度や状態の共有は必要不可欠であるという理由によって，結果として，健常選手であっても障害選手の障害についての会話がなされているものと推察される．

2．「イジり」を通じた関係性構築の様相

調査結果より，スポーツにおける関係性に着目すると新加入選手よりも親密選手の方が「イジる」「イジられる」双方ともに頻度が高く，障害の有無に着目すると障害選手よりも健常選手

の方が「イジられる」頻度が高いことが明らかになった．以下，この2点に着目し検討してみたい．

この結果に関連し，中村（2018）は「健常選手は知識不足と不安から障がい選手の障がいを『イジる』ことはせず，代わりにプレーという誰もが可能な『イジり』を行い，チームを盛り上げようとしており，一方で障がい選手は自他の障がいを『ネタ』にし，『イジる』事によってチームを盛り上げながら関係性を構築している」（中村，2018，p.145）と指摘する．

また，ゴッフマン（2002）は親しい関係に対して，その状況に相応しくない表現をする現象や，地位の高い人が低い人をからかい，そのお返しに地位の低い人が内輪どうしで地位の高い人をからかう現象，個人が自分を卑下する現象などを例に挙げ，儀礼的秩序が意図的に侵害されることを「儀礼的冒涜」概念を用い説明する（ゴッフマン，2002，pp.86-91）．その意味で，本研究における「イジり」は，親しい関係において生起する「儀礼的冒涜」の現れとして捉えることができよう．

中村（2018）の「知識不足と不安から健常選手は障害選手の障害を『イジる』ことはしない」という結果，およびゴッフマン（2002）の親しい関係において生起する「儀礼的冒涜」を踏まえ，スポーツにおける関係性が深まるほど「イジり」が多くみられる点についてみると，お互いの関係性が深まるほど「イジり」によってどのような反応が返ってくるか予測可能であるため，「イジり」を行ったとしても関係性が瓦解されないだろう，という認識のもと意図的に「イジり」を実践しているものと推察される．

次に，障害の有無に着目し，障害選手よりも健常選手の方が「イジられる」頻度が高い結果について，中村（2018）は障害選手が自他の障害をネタにしてチームを盛り上げる様相を指摘し，ケイン（2017）は人種や国籍を異にする両親から生まれた人物を意味する「ハーフ」の相互交流場面において，「イジり」を通じ共に笑うことによって，ルーツや身体的形質の差異に左右されることなく関係性を構築していると指摘する．また，河西（2015）は健常選手

が車いすバスケットボールに参加する際，障害選手から健常選手に寄せられる役割期待として「万能な身体」を有する選手であると捉えられることを指摘する．これら3点との関連から考察したい．

中村（2018）およびケイン（2017）の「イジり」を通じた関係性構築の様相を踏まえると，障害選手は自身の面目を失う可能性があることに加え，健常選手の面目を侵害する可能性もあるというリスクを冒してまでも，あえて健常選手をネタ化して「イジる」ことで，自らをヒール（悪役）化するとともに周囲に笑いを発生させ，いわば「ボケ」の機能を発揮しているとも推察できる．また，河西（2015）の指摘を踏まえると，車椅子ソフトボールにおいても健常選手は周囲から高い期待を寄せられプレーをしているが，健常選手が周囲からの期待に応えられなかったとしても，深刻になることなく笑いの1コマとして位置づけられ，プレーのミスを無化させることができていると捉えることも可能であろう．以上より，障害選手はあえて健常選手を「イジる」ことで，周囲からプレーへの高い期待を寄せられる健常選手に安心感や居場所を与えている側面があるものと推察される．

VI 本稿のまとめと今後の課題

本研究は，「肢体不自由者」と「健常者」を対象として，横断的，量的アプローチを用い，スポーツ実践における親密度やスポーツ空間に応じたコミュニケーションの「作法」の傾向とその特徴について検討することを目的とし，車椅子ソフトボール選手を対象にアンケート調査を実施した．

スポーツ空間およびスポーツにおける関係性と障害の有無を要因とした二元配置分散分析により得られた主な結果は以下の通りである．

1. 「障害の種別や程度」という車椅子ソフトボールを行うにあたって必須となる会話は「練習時のプレー中」に多く行われ，「障害の経緯」や「プライベート」など，プレーには必須でない選手のパーソナルな情報についての会話は大会時よりも練習時に多く

行われる傾向がみられた．
2. 障害に関する「情報収集」や「慎重な探り」という障害にかかわる行動については，「新加入選手」に対して多く行われる傾向がみられた．一方，障害やプレーを「イジる」「イジられる」という行動は，「新加入選手」よりも「親密選手」に対して多く行われ，障害選手よりも健常選手の方が「イジられる」傾向がみられた．

以上の結果について，関連する先行研究との比較を通じ検討を行った結果，障害選手と健常選手はともにスポーツ空間や相手との関係性に応じて自身の行動を巧みに切り替えていることが示唆された．

なかでも，スポーツ空間の特異性として，「コートの中」は障害選手と健常選手がともにプレーをするにあたって必要不可欠であるという条件によって，健常選手であっても障害選手の障害についての会話をできる空間であることが示唆された．また，特徴的な様相として，障害選手からの健常選手に対する「イジり」によって，役割意識や期待を抱える健常選手のミスに対して安心感を与えている様相が示唆された．

本稿では競技特性を勘案し車椅子ソフトボールを調査対象としたが，障害者スポーツを通じた関係性構築の全体像を把握するためには他の障害者スポーツ種目においても同様の傾向がみられるかについて検討する必要がある．また，選手同士の関係性構築のみならず，監督・コーチをはじめとするスタッフなども含めた相互行為の様相を検討することも必要であろう．今後の課題としたい．

文 献

荒井貞光（1984）スポーツ集団の空間構成に関する社会学的考察―「コートの中」「コートの外」概念に着目して．体育学研究，29：1-13.

荒井貞光（1987）「コートの外」より愛をこめ―スポーツ空間の人間学―．遊戯社．

ゴッフマン：丸木恵祐・本名信行訳（1980）集まりの構造―新しい日常行動論を求めて．誠信書房. ＜ Goffman, E.（1963）Behavior in public spaces: Notes on the social organization of gatherings, The Free Press ＞

ゴッフマン：浅野敏夫訳（2002）儀礼としての相

互行為─対面行動の社会学＜新訳版＞．法政大学出版局．＜Goffman, E.（1967）Interaction ritual: Essays on face-to-face behavior. Anchor Books, Doubleday and Company Inc.＞

International Paralympic Committee（online）Who we are. https://www.paralympic.org/ipc/who-we-are,（accessed 2023-07-28）.

石島健太郎（2016）障害者介助者における意思の尊重と推察のあわい．年報社会学論集，29：33-43.

菅野仁（2003）ジンメル・つながりの哲学．NHK出版．

河西正博（2010）障害者スポーツにみる「健常者」/「障がい者」間の関係性構築と身体性．松田恵示ほか編，福祉社会のアミューズメントとスポーツ─身体からのパースペクティブ．世界思想社，pp.202-218.

河西正博（2015）障害者スポーツにおける「障害者」「健常者」の関係性について─車椅子バスケットボールの実践から─．びわこ成蹊スポーツ大学研究紀要，12：131-134.

ケイン樹里安（2017）「ハーフ」の技芸と社会的身体─SNSを介した「出会い」の場を事例に．年報カルチュラル・スタディーズ，5：163-184.

前田拓也（2009）介助現場の社会学─身体障害者の自立生活と介助者のリアリティ．生活書院．

中村真博（2018）障がい者スポーツにおける障がい者と健常者の関係性の変容過程に関する研究─車椅子ソフトボールチーム内の相互作用に着目して─．日本体育学会第69回大会体育社会学専門領域発表論文集，26：141-146.

清水裕士（2016）フリーの統計分析ソフトHAD─機能の紹介と統計学習・教育，研究実践における利用方法の提案．メディア・情報・コミュニケーション研究，1：59-73.

玉置佑介（2015）障害者水泳の指導員として「待つ」ということ．上智大学社会学論集，39：77-93.

玉置佑介（2021）障害者水泳をアダプテッド・スポーツにする─「待つ」という実践的行為に着目して─．武蔵社会学論集：ソシオロジスト，23：149-173.

天畠大輔（2022）しゃべれない生き方とは何か．生活書院．

植田俊・山崎貴史・渡正（2022）障害者スポーツにおけるつながりの生成─視覚障害者ランナーと伴走者を事例として─．スポーツ社会学研究，30（2）：65-84.

渡正（2005）「健常者/障害者」カテゴリーを揺るがすスポーツ実践─車椅子バスケットボール選手の語りから─．スポーツ社会学研究，13：39-52.

渡正（2012）障害者スポーツの臨界点─車椅子バスケットボールの日常的実践から─．新評論．

好井裕明（2002）障害者を嫌がり，嫌い，恐れるということ．石川准・倉本智明編著，障害学の主張．明石書店，pp.89-117.

$\left(\begin{array}{l}\text{2023 年 8 月 23 日　受付}\\\text{2024 年 5 月 15 日　受理}\end{array}\right)$

Advanced Publication by J-STAGE
Published online 2024/8/30

原著論文

バレーボールにおける「間合い」の
攻防に関する生成論的研究

大隈　節子

Setsuko Okuma : Generative study on the attack and defense of "*Ma-ai*" in volleyball. Annu. Rev. Sociol. Sport. Phys. Educ.

Abstract: What makes volleyball strategies fascinating is how attack and defense involve seizing or parrying "*Ma-ai*" (interval or distance between players), with the ball as the medium.

This research seeks to clarify various aspects of the generation of "*Ma-ai*" in real time in volleyball attack and defense from the viewpoint of "generative theory".

A volleyball match generates a continuous stream of spaces or gaps ("*Ma*") in time and space between players. Included in this stream of "*Ma*" are the "*Ma-ai*", which are generated "intersubjectively" or "inter-physically" between players and are what enable exquisite, coordinated plays. "*Ma-ai*" refers to the tight connection between players that occurs when their "*Ma*" are aligned. Using "*Ma-ai*", players are able to predict how events will unfold according to each other's movements and intentions during a rally, and the movements of individual players are synchronized to realize various coordinated plays.

The opposing teams vie to see how much they can rally by using their own "*Ma-ai*" to make plays while preventing their opponents from doing the same. In other words, each team seizes "*Ma-ai*" for defense against the opponent's attack, while trying to prevent the opponent from doing the same (by parrying their attempts to seize "*Ma-ai*"). This process constitutes the attack and defense of "*Ma-ai*".

The most important aspect of this process for the generation of "*Ma-ai*" is to create a stationary "*Ma*" at the zero point, that is, a fixed position in the formation, before the opponent does. By doing so, a team can increase its frequency of possession of the ball, facilitate a wider range of attacks, and make it harder for the opponent to predict the next move.

Key words: cooperative play, organizational synchronization, zero point
キーワード：連係プレー，組織的同調，ゼロポイント

Ⅰ　はじめに

　バレーボールは，サッカーやバスケットボールといったゴール型の競技種目とは異なり，ネットを介することで相手チームのプレーヤーとの直接的な主導権（ボール保持）の奪い合いがなく，ボールの所有権が入れ替わる中でボールを「落とす―落とさない」をめぐる攻防を展開するネット型の競技種目である．また，ボールのホールディングが認められないため，ラリー開始から終了までの間，常にボールは留ま

三重大学教育学部
〒 514-8507　三重県津市栗真町屋町 1577
連絡先　大隈節子

Faculty of Education, Mie University
1577 Kurimamachiya-cho, Tsu, Mie 514-8507
ookuma@edu.mie-u.ac.jp

ることなくネットを挟んだ比較的狭い両コートの空間を行き来している．さらに，味方プレーヤー間での「つなぎ（パス）」の局面が存在する他のネット型競技種目（インディアカやセパタクローなど）と比較しても，バレーボールははるかに多様で複雑な組織的プレーを発達させている競技である．このように，バレーボールは相手チームとの攻防を展開するにあたりプレーヤー間の緊密な「連係」が必要であり，それを可能にするためにはプレーヤー間でボールを介した適切な「間（ま）」すなわち「間合い」がとられなければならない．チーム間での攻防は，まさにラリー中の「間」をめぐって展開されているのである．

　バレーボールでは，こうしてコートが狭めで，3回の打突を行う身体の動きの範囲が限定されているので，プレーヤー間の「間合い」を分析対象として捉えやすいと言える．スポーツにおける「間合い」研究にあたってバレーボールが題材として最適なのは，こういう利点を有しているからである．

　そこで，本研究ではバレーボールの競技特性に鑑みながら，バレーボールの奥深さはボールを介した「間合い」をとる―はずすの攻防にあると捉え，その攻防において「間合い」がリアルタイムで生成されていく多様な様相を，行為する側の観点から「生成論」的に明らかにすることを目的とする．「間合い」は，プレーヤーの体験のなかで相互主観的にとられていくものであるため，生成論の観点から考察していくことになる．

II　スポーツ社会学における「生成論」的研究

　亀山（2012, pp.13-18）は，社会学における身体論の新たな可能性を「生成論」の観点から論じている．その際，中井正一の『スポーツ気分の構造』において「スポーツ気分」と表現されたボート競技の究極経験を取り上げながら「生成」について説明している．亀山は，ボートの漕ぎ手が波の動きと一体となり，「身体の運動が他の事物の運動と完全に共鳴するとき，われわれの身体と周囲の事物は両者を分かつ境

界を消失して相互に浸透し合い，自己と他を区別することが不可能になる」のだと指摘する．ただこの場合，自己は全体の中へ埋没していくのではなく，自己同一性を失うことなく全体と融合した新しい存在へと変わっていく．自己は自己を失わないままに全体の中で全体の影響を受けながら新生していくのだと言っている．

　上記の点から，生成論とは「流れゆくもの，変化しつつあるものを，その内部から体験・記述する方法」（亀山, 2013, pp.89-90）のことであり，現在スポーツ社会学の研究において主流となっている制度論とは異なる観点からスポーツを捉えるものである．つまり，身体による日常的な行動様式と「生成」の生じる行動様式とを区別し，スポーツにおいて「行為者と周辺の他者・環境や事物のそれぞれが分節の境界を消失する体験」（亀山, 2012, p.18）を「体験する側」の観点から捉えているのである．

　これまでに生成論からスポーツを論じた研究は数少ないもののその中では武道に関するものが際立っている．代表的な研究としては，西村の『大相撲における立ち合いの文化論』があげられる．西村は大相撲の本質を「立ち合い」に見て取り，立ち合いの究極をなす「阿吽の呼吸」を「同調」と「競争」という相反する相互作用の形式＝「関係性」を統合している文化として捉えている（西村, 2001）．さらに『武術の身体論』（西村, 2019）において，武術の中のより広く深い身体の潜在的なはたらきにより同調と競争の多様な関係がどのように編まれていくのか，また「身体感覚の二重性」によっていかに自分に有利になるようにその関係を操作しているのか等について文献をもとに詳細な考察を行っている．

　また，球技（サッカー）を取り扱った亀山（2012, pp.214-237）の論文では，サッカーにおいては，個人の動きと他者の動きは常に結びついておりそれらを切り離すことはできず，個人のリズムと集団のリズムが生じていることを明らかにしている．1970年代のオランダのサッカーは，それまでの常識をなしていた組織型のチーム編成から全員攻撃・全員守備といったトータル・サッカーへと新しい編成に取り組

むことによって，チーム全体での絶えまなく変幻自在なプレーを可能にしていたと言う．サッカーというスポーツでは，味方プレーヤー間にリズムの「共振現象」が生み出されるだけでなく，相手チームのリズムにも「共振」することで相手チームのプレーヤーの動きを瞬時に読み取り，それを補完する動きをとっていることを明らかにしている．

迫の芸道を中心とした一連の研究（迫，2002，2006，2010，2020）では，伝統芸能やスポーツの「共育」学習法が提示される．学習者が指導者の演技の動きを「なぞり」，逆に指導者は「さぐり」として自分の身体を用いて学習者と同じように演技を行うことによって，学習者の所作に対する違和感を説明するための言葉を引き出そうとする．この「なぞり」と「さぐり」に，同調関係が示唆されている．

酒本（2012）は，チクセントミハイの「フロー」とリズムの同期（同調）である「引き込み現象」を統合することで，スポーツの魅力を自他融合のリズムの「共振」として捉える．そこでは，プレーヤー・チーム・相手チーム・観客を含んだ共同性の次元のスポーツの楽しさへの言及が目指されている．

松田（2001）は，中井正一の能動／受動という二分法の彼岸にある「瞬間の持続」が拡がる「スポーツ気分」や，A. シュッツが言及した音楽とスポーツのあいだに類似した「相互同調関係」を考察し，遊び・スポーツは，自他の共同相互依存的な同調関係に基礎づけられており，これがあらゆるコミュニケーションの土台となっていると強調する．

ただ，以上の従来の研究はいずれも「同調」や「共振」の概念を通した「間合い」との間接的な関連を展望させるものであるが，特定のスポーツ種目に絞り込んでの「間合い」をめぐるチーム同士の「組織的攻防」の考察とはなっていない．亀山のサッカーの連係プレーへの言及においては，味方プレーヤー間のリズムの「共振」と相手チームとのリズムの「共振」が触れられており，この視点は最も参考になる．ただ，具体的なポジション間の結びつきや多様な戦術の展開局面において，どのように「同調」が起こり「間合い」が生成されるのかにまでは考察が及んでない．本稿は，ここにオリジナリティを見出すことができると考える．

Ⅲ　本研究における「間」の定義

バレーボールは，プレーヤー間でボールを落とさないようにボールをつなぐことによってラリーが成立している．12 人のプレーヤーが 1 つのボールをめぐって攻防を展開するため，試合を観戦する際には個人プレーのシーンに目が向けられがちであるが，バレーボールはプレーとプレーの間隙に戦術的な展開が遂行されており，これらの間隙すなわちボールを介して生成される「間」に着目することが，バレーボールへの「生成論」的理解を格段に深めることになる．

河野（2022，pp.9-15）によれば，「間」とは物と物との，出来事と出来事との，人と人とのあいだの間隙やインターバルのことであり，絵画における空隙，建築や庭園における空間，音楽における空白や拍子など日本の伝統的な技や芸術および芸能において重視される言葉の 1 つである．この言葉は単純に客観的な距離を意味するものではなく，「空間的であると同時に時間的でもあるが，それは単に量的な隔たりのことではなく関係についての質的な特性を指している」．さらに「間」は，「何かが生じることで二つのものを結びつけるような，しかもその二つを独立のものとしながらも結びつけるような現象」であり，「引きつけると同時に引き離し，分けると同時につなぎ，連続すると同時に非連続とし，始まると同時に終わるような，対抗する力が動的に均衡している様子を指す言葉である」．つまり「間」は，その場の関係や状況に応じて臨機応変にかつ即興的に決められる時空間的隔たりと捉えることができる[注1]．

これらの点を踏まえ，本研究ではバレーボールのラリー中におけるプレーとプレーのあいだに生じるボールを介した時間的・空間的な間隙を「間」と定義する．ただし，この「間」が意味するものは，単にストップウォッチやメジャーで計測できる客観的な時間・空間ではない．プレーとプレーを結び付けたり切ったりす

る対抗する力が動的に均衡している様子を指している．また，この「間」はプレーヤー間の関係において両者の身体が呼応し，そこに協力的・競争的な関係が成立したり，その関係が切れたりする可能性を持つ時空間として捉えられる．バレーボールでは，ラリーが継続する限り，常にボールを送る側と受ける側というプレーヤー間の関係が成立しており，ラリー中の「間」はこれらの関係において生じるものである．

　この「間」は，あとで述べる「間合い」と同様に「タイミング」timing という英語では言い表せない趣をもつ．タイミングは，英語のtiming がカタカナ英語として定着したものであり，「ある物事をするのに最も適した時機・瞬間」（松村，1998）である．第一に，このタイミングでは時間的な間隙は表せても空間的な間隙は表せない．第二に，タイミングでは，能動 - 受動が錯綜し相互に一体化した感応的同調関係というニュアンスが表されない．諏訪ほか（2017）は，例えば野球において打者が投手に「タイミングを合わせる」のは，まさに「間」が合う「間合い」現象の１つではあるが，「タイミングを合わせよう」とするとなかなか合わないのだと言う．それは，「自他分離による客観的な観察」にたよっているからであり，「間合いを形成する」ためには，打者と投手の両者は一体となって１つのシステムを形成し，「そのシステムの内側の視点から投球と自分の内なる体感の整合性を探る」ことが重要であるとする．ここには，「タイミングを合わす」と「間合いをとる」との違いが暗示されている．

　本研究では，図１に示す通りラリー中の「間」を関係する他者の違いによって分類し，敵対するチームのプレーヤーとのあいだで成立する「間」を「攻防の間」，味方プレーヤーのあいだで成立する「間」を「連係の間」と捉えていく．局面ごとに「攻防の間」には「サーブ→レセプション」「スパイク→ブロック」「スパイク→ディグ」があり，「連係の間」には「レセプション→トス」「ディグ→トス」「トス→スパイク」がある（レセプションとディグは，それぞれサーブとスパイクに対するレシーブである．矢印はラリーの流れの方向性を示している）．

　バレーボールでは，ラリー中にプレーヤー間の関係によってボールを落とさないように適切な「間」が生成されたり，また「間」が切られたりしている．さらには単にボールをつなぐための「間」が生成されるだけに留まらず，スムーズな連係が可能になるように相手の動きを想定した「間」が生成されたり，相手チームとの攻防を優位に展開するための戦術的な「間」が生成されたりすることで，高度な連係攻撃や

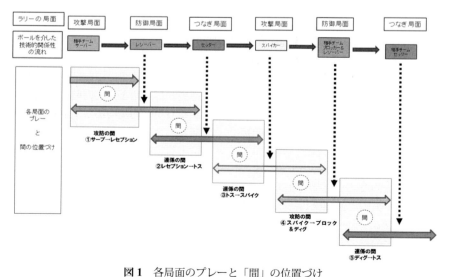

図１　各局面のプレーと「間」の位置づけ
（出典：大隈節子　バレーボール競技者の身体知に関する社会学的一考察　九州レジャー・レクリエーション研究 第 3 号 2014）

相手チームとの攻防が可能になっている．つまり，バレーボールはボールをコントロールするというよりは，むしろボールを介して「間」をコントロールしていると言える．

IV 「間合い」について

高梨（2020）は「間合い」の観点から，ゴール型の競技であるサッカーで生じる現象の仕組みを明らかにする中で，サッカーにおける究極の原理は，プレーヤーのすべての瞬時の動きがボールへの予測到達時間という時々刻々変化する変数によってコントロールされていることにあると言っている．このボールへの予測到達時間は，ある瞬間にプレーヤーがボールに到達するのにどの程度の時間が必要かについての未来予測であり，自分のボールへの予測到達時間 x と他のプレーヤーのそれ y とのあいだでの相対比較によって「間合い」が成立するのだと言う．ここでの「間合い」とは，x＜y のときに得られるボール支配に優位な状態ということになる（この著において間合いを形成するとは，「自己の動きを臨機応変に調整する」ということだと表現されている）．

河野は，前掲のように「間」を客観的な量として計れる隔たりではなく，関係についての質的な特性を有する隔たりとして捉えていた．つまり，「間」とは二つのもののあいだの関係によって決められる時空間的隔たりである．そして「間合い」とは，「人間同士少なくとも生物同士の関係にしか用いられないことである」が，その彼らが「『間』に『合わせる』」（河野，2022，p.15）ことであり，「間合いをとる」とは「適切な距離であると同時に適切な時機となるような間を相手とのあいだに成立させること」（河野，2022，pp.83-84）であると言う．すなわち，「間合い」とは，人間同士（本稿の脈絡では，人間に限定していいだろう）が「適切に」結びついている時空間の間隙であり，その関係がうまく取りもたれるような時空間的隔たりであると言えよう．それは，適切な関係特性を有する時空間と捉えられる．

さらに河野（2022，p.81）は「間」がつく

り出す「流れの中にはよきものもあり，悪しきものもある」と言う．「適切」にとられた「よき間」が「間合い」であるというとき，スポーツの連係プレーにおける適切な「間」とは，二人（あるいは複数）のプレーヤーの関係によって生成された攻撃・防御のベストチャンスにつらなる時空間的隔たりであると言える[注2]．反対に「間延びした」「間がもたない」「間が抜けている」とか言う場合は，「よき間」である「間合い」とは無縁のケースである．

田中（1982，1984）は，近世武芸伝書の考察から，剣術・剣道では，「間」と「間合い」は技術に関与する最も重要な理合とされてきたが，両者は区別なく使われてきていると指摘している．「間」は，時間・空間の長さであり，それぞれ単独にあらわされた場合には「あいだ」としての形而下的な長さの表象であり，この「あいだ」に「機」に代表されるような心理的要素が加えられたときには，「ま」として形而上的な時間・空間の長さを表象するものとなり，「間合い」も同様なプロセスを経たという（田中，1984）．両者が伝統的に併用されてきている以上は，明確な区別を設けて使いこなしていくことが求められる．

現代においても，「間合い」は空間的間隔であるのに対し「間」はそのうえに時間的間隔を合わせもつという見解（佐藤，1975），両者は区別なく同義であるとする見解（中野・坪井，1970），さらには「間」は空間的距離であるのに対し「間合い」は対峙する両者のすべての関係（状態）を示すという意見もある．

ここでは，3番目の関係（状態）を示すもののうち，三橋（1972）のものに注目する．彼によれば，「間合い」は「両者の技能力」「間（空間的間隔）」「結びつき（関係）」の三要素からなり，「結びつき」は構え方・竹刀の操作方向・精神活動を内容とする．そして，この「結びつき」を適切におこなえば，相手に不利で自分に有利な状態に導くことができる．すなわち，同一距離（「間」）であっても，相手からは遠く自分からは都合の良い近い距離（「間合い」）にすることができるというのである．この見解は最も明快かつ体系的に「間」と「間合い」を位

置づけているものである.

ここで重要なのは,「間合い」が対峙する者のあいだに生成するものであり,互いに自分にとって「有利」という意味での「適切な」関係を有する「間」であるということだ.空間的間隔である「間」に,技術的・心理的な要素が加わって,自分にとって有利で適切な総合的関係状態が「間合い」として導かれるのである.時間的間隔については触れられていないが,それは文脈からすると「技能力」「結びつき」のなかに技術的・心理的要素として分散して含まれるものと解釈できる.例えば「機」という言葉は,心の動きが形にあらわれた瞬間をしめすとともに,「その機を見て打て」というように技が発動する瞬間をもあらわすのである.また,「起こり」もそれと似通っていて,動作を起こそうとした瞬間とされる.ただ,ここではこれ以上の追求は不問に付していいだろう.

さらに筆者は,剣道用語の「一足一刀の間合い」に注目する.それは,一歩踏み込めば相手を打突でき一歩退けば打突を避けられる間隔であり,それに対して遠く離れ互いに打突できない距離を「遠間」と言い,逆に近く接近していて一歩引くと相手が一足一刀の間合いとなる距離を「近間」と言う(中野・坪井,1970)ことが示唆を与えてくれる.すなわち,「間合い」が相手を打突できるという適切な関係特性を有する距離であり,「間」は必ずしも打突に適切な距離ではないということであり,そうすると適切にとられた「よき間」が「間合い」であるという先の論述にもつながり,「間合い」は洗練された「間」を示す概念として捉えられることになる.

これまでの「間」「間合い」の研究は,たしかに1対1の個人競技・演技におけるものがほとんどであった.経験科学的分析であるためには,初発の分析道具(枠組み・概念)は必要である.今回は,先行の「間」「間合い」の概念から出発し,「組織的攻防」を行うバレーボールに援用することによって,その概念では収まらない特性を明らかにし,それを集団スポーツとしてのバレーボールの「間」「間合い」の特性とする.この考えは,M.ウェーバーの「理念型」的方法に通じている.理念型は,特定の社会現象の論理的な典型をあらわすモデルであり,それとの比較によって当該バレーボールの「間」「間合い」の個性的把握が可能となるというわけである.本研究では,結語でまとめることになるのだが,二重に生成し交錯する「間合い」の性質と「静止した」拠点の必要性を指摘することができた.

バレーボールを含んだ球技においては,ボールを介した相手との適切な「間」すなわち「間合い」がゲーム中の攻防を左右する.味方プレーヤー間でのコントロールの定まらない「間」は「悪しき間」となって二人(あるいは複数)のプレーヤーの連係を乱すことになり,相手チームとのゲーム中の攻防に不利な状況をもたらすことになってしまう.つまり,適切な関係として調整されていない「間」もあるわけである.連係プレーが失敗するのであり,この場合「間」という言葉を使って,「『間』が合わない」と表現することになる.この調整されなかった時空間的な間隙に加えて,適切な関係特性を有するかどうかの判断を抜きにしてプレーヤー間に次々と生成してくる時空間的な間隙全般というのも「間」と表現するのが妥当である.ここには,適切にとられた「よき間」すなわち「間合い」もそうでない「悪しき間」も良悪の判断をされないままに含まれるわけである.一方,適切な関係特性を有する時空間的な間隙が「間合い」であり,連係プレーが成功したときや,成功するかどうかはわからないがプレーヤーたちが成功をめざしてとろうとする時空間的間隙に対しても,この「間合い」の表現を使うのが道理であるだろう.バレーボールの場面の考察においては,原則このような使い分けをしていくことにしたい.

これまでに掲げたスポーツの生成論的研究のなかで,サッカーにおける自他のボールへの予測到達時間の相対比較によってボール支配の優位性を獲得しようとするのは,他(相手チームプレーヤー)とのあいだにいかに適切な時空間的隔たりを設けるかにかかっている.ボート競技において身体の運動が他の事物の運動と完全に共鳴するのは,他者・他物との時空間的隔た

りを適切にし，「共振」することである．そして相互同調によって自他の境界の隔たりを消失していくことが「間合い」の生成につながるのである．大相撲の立ち合いをはじめ武術の技（わざ）において，「同調」と「競争」の統合によって自己を優位にもっていこうとするのは，優位な時空間的隔たりをめぐる駆け引きである．さらに球技におけるプレーヤー間の，またプレーヤーとボールとのリズム「共振現象」によってそれらの動きを瞬時に読み取り，それに対応した動きを見せるのは，相手との時空間的距離感の把握に基づいている．生成論的研究は，すべてこの相手あるいは他物との適切な隔たりである「間合い」の生成を包摂しているケースが多いのである．バレーボールにおけるセッターを中心とした一糸乱れぬ連係プレーは，まさにボールを介したプレーヤー間の同調によって共有された「間合い」の実現により可能なのであり，生成論にあっては「間合い」と深く関連しているのである．

Ⅴ　インタビュー調査の概要について

本研究ではバレーボールの究極の戦略を「間合い」をとる―はずすの攻防と仮定し，その攻防の力動的な展開からなる醍醐味を生成論の観点から考察するために，元一流プレーヤー2名のインタビュー調査を基礎資料にする．

調査1）の実施日は2019年4月20日（土），所要時間は約120分間であった．調査対象であるA氏は，元全日本女子チームにプレーヤーとして所属し活躍をした経験を持つ．高校時代には全国高等学校バレーボール選抜優勝大会に出場．その後ユニバーシアード日本代表を経て実業団チームへ所属し，セッターとしてチームの成績に貢献した経歴を有している．引退後は，バレーボール解説者としても活躍している．

調査2）の実施日は2022年8月22日（月），所要時間は約120分間で実施した．調査対象であるB氏も，高校時代には全国高等学校バレーボール選抜優勝大会に出場．その後実業団チームへ所属し，セッターとしてチームの成績

に貢献している．引退後は，バレーボール解説者としても活躍している．

今回の調査では，連係プレーの中心であり，味方プレーヤー間での「間」「間合い」の生成にかかわる「司令塔」的なポジションであるセッター経験者を調査対象者とし，いずれも現役時にセッターとして活躍した経験のあるA氏，B氏に依頼し，了承を得た．

調査方法は，半構造化面接法によるインタビュー調査である．それゆえ，その利点を活かすために大まかなインタビューガイドを予め準備し，インタビューが調査目的から脱線するのを防ぎ，調査対象者には自由に語ってもらった．連係の間合いとして ①「レシーバーとセッターの間合い」 ②「セッターとスパイカーの間合い」を，攻防の間合いとして ③「相手チームの攻撃に対する防御の間合い」 ④「自チームの攻撃に対する相手チームの防御の間合い」をとりあげ，この4つをガイドとした．この流れのなかで，「間合い」の生成に影響を及ぼす「ゼロポイント」での静止の重要性に触れてもらうように留意し，その場の状況に応じた柔軟な対応をすることによって，「間合い」の多様性・複雑性を深掘りすることにつとめた．

Ⅵ　間身体的（相互主観的）に「間合い」を生成するということ

1. 連係の「間合い」と「ゼロポイント」

バレーボールのラリー中における味方プレーヤー間のレシーバーからセッターへのパスは，セッターがネット際への移動する動作を潜在的に予期して行われる．セッターもまた，レシーバーの返球を予期しつつネット際への移動動作を行っている．つまりこの時，両者のあいだにはボールを介した適切な「間」すなわち「間合い」が互いに予期されている．このレシーバーとセッターで生成される「間合い」について，A氏は以下のように表現している．

抜粋①：セッターの視点から言う「間」の捉え方って2パターンあるんですよ．1つはレシーバーからのボールで取っている「間」．レシーバーからのボールで取る「間」という

のは，ボールの質でいうと勢いがあるけれども一瞬ボールが止まる「間」っていうのがあるんですよね．この球質のレシーブがセッターにとってはとても上げやすいんです．でも，それを狙って全員ができるかというと必ずしもそういうわけじゃない．フィーリングというか，セッターによっても上げやすい質が違う場合もあるし….
もう1つはセッターが作る「間」で，これはボールが手に入ってくる瞬間の，どちらかというと動きの静止の状態を言うんです．レシーバーからボールが飛んで来る時にセッターが一緒にずっと動いていると「間」（静止の状態）はできないですけど，セッターが動作をコントロールすることによって「間」をコントロールすることができる．これがセッター（自分）の取る「間」です．

　レシーバーは単にセッターのセットアップの定位置へ距離的な観点から返球しているだけでなく，セッターがトスを上げやすい状況をつくるために「一瞬ボールが止まる」ようなボールを上げることで時空間的な「間」をコントロールしている．これがレシーバーからのボールで取られる「間」である．また「間」の受け手側にあたるセッターにおいても，単にレシーバーからの返球に応じるだけではなく少しでも安定した「間」になるように，自らボールに接触するタイミングをコントロールしたり，レシーバーからの返球位置に素早く移動して動作の静止状態をつくり，そこを基点にしてトスを上げようとしたりしている．レシーバーとセッターは，ラリー中のボールを介した「間」を適切な「間」すなわち「間合い」で展開にするためにボールや動作をコントロールしていることがわかる．
　さらにA氏は，動作の静止状態をつくる理由を以下のように表現している．

　抜粋②：ラリー中の「間」に動作の静止部分をつくれるようになると，ゆとりを持ってトスをあげることができますよね．スパイカーへのトス動作の起点（すなわち動きの静止）

が早目に決まるので，それに合わせて他の競技者も早い時点で動きの切り替えができる．そうすることで，その後のみんなの動きがスムーズに合わせやすくなる．例えばセッターがレシーバーからの返球に対して素早くボールの落下地点に移動し，動きの静止状態をつくることによって味方のスパイカーも早いうちにレシーブ動作からスパイク動作への局面の切り替えができる．実はこの「ゼロポイント」をつくれるセッターが良いセッターなんです．

　抜粋①②の内容から，「レシーブ→トス」の理想的な間（＝間合い）には各局面でのフォーメーションの定位置にあたる「ゼロポイント」が関係していることがわかる．ラリー中，プレーヤーは局面ごとにチーム内で想定されたゼロポイントへ移動している．そしてこの時パスの送り手側であるレシーバーは，セッターがレシーブの局面に対応する動作からトスの局面へと移行する際にゼロポイントでの「静止状態」を作り出せるようにレシーブを調整する（それゆえ，ゼロポイントは「次の局面の動きへ切り替えるための静止状態を保つ一定の位置」と言える）．ただし，この間合いは常に固定された位置や時間としてあらわされるものではなく，レシーブ時のセッターの（ポジショニングの）位置から次の局面でトスを上げる時のネット際への移動の動きやラリーの状況によっても異なってくる．このレシーバーとセッターとの調和のとれた間合いが成立することによって，セッターはレシーバーからの返球を予測し，早い段階で次の局面に意識を向けることができる．

2. 間身体的な（相互主観的な）「間合い」の生成

　味方プレーヤー間で交わされる「レシーブ→トス」の「間」は，送り手側のレシーバーと受け手側であるセッターとの関係において間身体的に生成される．この間身体性について，メルロ＝ポンティは「彼と私とは，いわば同じ一つの間身体性の器官である」（メルロ＝ポンティ，2001，p.166）と言う．つまり，他者と私はと

もに同じ世界の内にアプリオリに身（身体）を浸し合い，身体を媒介として能動的‐受動的に関係し合っており，互いの意識や感覚が条件付けられて，共鳴的な交流が生じるのである．この間身体性は相互主観性と言い換えてもよい．ラリーの状況に応じてレシーバーとセッターは間身体的な関係のなかでお互いの動きを予期し，安定した適切な間，すなわち「間合い」の成立に向けてボールをコントロールしようとしているのである．

市川（1997）は，「他者の身の統合との関係において起こる一種の感応ないし共振」を「同調」といい，それを構造的な感応の起こり方の形式面から，他者を内面的に素描する「同型的同調」と他者に応じる「応答的あるいは役割的同調」に分類している．バレーボールにおける「レシーブ→トス」といった「間」のやりとりは，たとえ意識的に行われていても，「間身体的」な関係のなかで感応＝運動的次元の潜在的な「同型的同調」と顕在的な「応答的同調」を根底にしている．

ラリー中のボールを介して生成される絶妙な連係の「間合い」は，プレーヤー間の応答的・役割的同調（共同の応答的同調）によって可能になっており，セッターはレシーバーとの同調を伴う「間合い」の成立によって，トスを上げる前の段階で自チームのスパイカーのスパイクの準備状態を瞬時に確認し，同時に相手ブロッカーの準備状態（位置取り）をも感得したうえで，自チームの攻撃に有効なトスを選択することが可能になるのである．

VII　チームになるということ

1. 味方プレーヤー間の「間合い」における組織的同調

相手チームからのスパイクに対し，味方レシーバーはセッターのセットアップ（ネット際への移動）動作だけでなく，複数のスパイカーがそれぞれの「間合い」で攻撃を成立させるための準備動作をも潜在的に思い描いてボールをセッターへ送っている（「間合い」のスピードの速い1stテンポの攻撃では，すでにこのとき

助走が開始されているのでレシーバーはその点もふまえて「間合い」をとっている）．またその一方で，パスを受ける側であるセッターも，レシーバーのレシーブ動作への同調によって返球をあらかじめ予期することで，迷うことなくトスを上げるためにネット際の定位置（ゼロポイント）へ移動し，自由自在にトスを上げることができる．また，味方チームのスパイカーにおいても同様に，レシーバーのレシーブ動作からの返球を予期することでスパイクを打つ際の定位置までの移動をスムーズに行えることになるのである．

ここで重要なのは，レシーバーがセッターやスパイカーとの同型的および応答的同調を背景にしたパスボールの適切な「間」を生成することにより，そのパスボールはセッターがトスを上げる動作だけでなく，各々のスパイカーの「間合い」で攻撃を成立させるための準備動作ともピタッと合う「組織的同調」を生じさせているということである．ここで言う各々のスパイカーとは，スパイカーとして攻撃に参加する可能性のある潜在的スパイカーすべてを含めたものである．トップレベルでは，セッターとリベロを除く最大4人のプレーヤーがスパイカーとして攻撃に参加する可能性がある．その彼らが相手チームのスパイクに対してレシーブあるいはブロックした後，スパイクに向けた助走開始地点に至るまでの動作ともレシーバーのパスボールが上がる「間」がピッタリ合うということである．誰が実際のレシーバーやスパイカーになるかわからず，またそのスパイクに対する相手チーム側のブロックに備えた位置取りをそれぞれが行うわけであるから，6名全員が常に共通の『間合い』の生成に関与していることは大前提となっているのである．このプレーヤー間で「間合い」が成立する時，セッターとボールの関係は「ボールの方が適宜自分に寄ってくる・集まってくる」ため，周囲への意識（視野）が広がり，次の局面の状況を先取りすることができる．つまりこの場合，セッターは味方スパイカーの準備状況だけでなく，相手ブロッカーの準備状態（位置取り）をも感得したうえで，自チームの攻撃に有効なトスを選択的に上

げることが可能になる.

その一方で,「間合い」が成立しない場合のセッターとボールの関係は,「セッターがボールを追う」ことになるため,セッターの意識はボールに集中してしまい,次の局面を想定した適切なプレーが遂行できなくなってしまうことになる.

2. 守備の乱れを想定したセッターとスパイカーの「間合い」の調整

相手チームからの攻撃によって味方レシーバーの返球が乱された場合,セッターは味方スパイカーの状況や相手ブロッカーの状況を確認する余裕がないままトスを上げることになるため,その後の展開に悪い影響が及ぶことになる.それゆえ,守備の乱れへの気づきとその調整が必要とされる.B氏もセッターとスパイカーによる「間合い」の調整について以下のように回答している.

抜粋③:実際の試合の時にはイメージ通りにはいかないこともたくさんあるので,練習でコミュニケーションをとりながらある程度相手の状況や動きに気付けるようにしておくというか.この選手だと,こういう状況のときにはこういうトスをあげれば対応してくれるとか,そういう気づきと日頃のコミュニケーション,あとセッターとしてスパイカーから助けてもらえる存在かっていうのもとても大事だと思っています.

抜粋④:決してレベルが低いわけではなくて,Vの選手でも日によってやっぱり感覚やパフォーマンスも変わるしセッターも感覚が変わったりするので,そういうのを試合の中でいかに調整できるかが大切になる.違いに気づいて,それに対応できればいいのかなって思うし,対応できる能力が重要って思います.そのためには日頃からのコミュニケーションとか,自分からちゃんとスパイカーに歩み寄れるかっていう部分も大切になります.

実際のラリー中にはパターン通りにいかないことが多々あることから,同じチームのメンバー間においては日頃の練習でコミュニケーションをとることにより,ラリー中のさまざまな状況を想定し臨機応変に対処するパターンをプレーヤー間で共有しておく必要がある.

さらに,セッターはスパイカーの状況・調子に気づき臨機応変に微調整をしていくことが求められるが,そのためには日頃の練習における試行錯誤とコミュニケーションを繰り返すことにより,できるだけ多くの場面への対応のシミュレーションを行い次なる展開への予測を共有しておくことが重要であるということである.

また,そういったコミュニケーションのなかで,味方プレーヤー間においては個々のプレーヤーとのあいだに「この状況であればこのプレーヤーとの『間合い』はこうなるだろう」という「間合い」の予測が共有されていくことになる.そうすると,セッターは逆に「間」の受け手側であるスパイカーの方から「間」を合わせてもらえるようになる.こうした気づきと微調整はラリーが白熱するにつれ「自動化」され,意識されないままに完全に感応的な同調(同型的・応答的)においてなされるようになる.ただ,この「間合い」の生成は,各プレーヤーの位置取り,打たれてくるサーブのコース・球種,およびレシーブの様相などへの気付きによってリアルタイムで微妙に異なったものとしてなされるのであり,決して制度的に固定されたものではない.

こういった「間合い」を生成する組織的同調が感応的なレベルでなされるに至ることが,「チームになる」ということである.そこでは,他のメンバーとの同型的・応答的同調を伴う「間合い」を潜在的に成立させている.バレーボールにおいて高度な連係プレーや相手チームとの高度な戦術的かけ引きを可能にするのは,このメンバー間で共有された潜在的な「間合い」があるからなのである.

VIII 「間合い」をとる─はずすの攻防

バレーボールのラリー中には,味方プレーヤー間のボールを介した連係の「間」のやりと

りが繰り広げられるだけでなく，相手チームとのあいだの攻防の「間」のやりとりが展開されている．これは，相手チームの攻撃に対して自チームは防御の間合いをとり，自チームの攻撃に対しては相手チームに防御の間合いをとらせないというものである．一般的には「間」を合わせる―「間」をはずすという言い方のほうが耳慣れしているが，本稿で「間合い」を洗練された「間」を示す概念とした論述の構成上，「間合い」を核にしたこういう攻防の表現を選ぶことにしよう．ここではこの「攻防の間合い」のやりとりに注目する．

1. 相手チームの攻撃に対して防御の「間合い」をとる

相手チームの攻撃に対する防御側チームのかけ引きについてA氏は以下のように表現している．

抜粋⑤：ここ（レフトスパイカーの攻撃に対し守備側チームが想定するゼロポイント）でタイミングよくピタッと止まれるかですよね. 複数のスパイカーのうちからセッターのトスがレフトに上がって，レフトスパイカーがボールをヒットする瞬間に，まだ動いていると逆サイドに打たれたらおしまいですので. なので，（ゼロポイントで）タイミングよく止まることが大事になります.

相手チームの攻撃に対しては，スパイカーがスパイクを打つ以前の段階であるトス―スパイクの「間」に，こちらのレシーバーとブロッカーがゼロポイントに適宜スタンバイすることができない（すなわち「間合い」をとることができない）と，相手チームからの攻撃に対して防御の「間合い」がとれずにラリーが切れてしまう．また，ボールがつながったとしても，その後の自チームセッターのセットアップの動きを予期した「間合い」を生成できず，十分なかたちで次の攻撃（反撃）に向けた展開がつくれなくなってしまう．つまり，ゼロポイントへの配置が遅れてしまった時点で，守備側チームのレシーバーは相手チームのセッターのトスに

「間合い」をはずされてしまっているのである．

そこで，守備側チームは攻撃する相手チームのトス―スパイクに対する防御の「間合い」をとらなければならない．レシーブあるいはブロックからレシーブの次の局面であるセッターによるトス，さらには次のスパイクへと連動する「間合い」を生成することが目指される．

この敵対する相手との「間合い」の生成については，西村（2019, pp.223-224）の説明が参考になる．西村によれば，敵対する相手とのあいだの間合いの成立は，身体感覚の二重性によって可能になるという．この身体感覚には「待」と「懸」の2つの側面があり，「懸」の身体感覚は「身体の外面的境界である皮膚の外側へ転移するとともに拡張し，敵をなぞり素描するかたちで潜在的な同型同調を可能にする」と言っている．

また，もう一方の「待」の身体感覚は，「『懸』の身体感覚との関係を制御する統合的役割を果たし，『懸』の身体感覚による敵との同型同調を通して知覚される敵の『意』と『おこり』をひっとり（引き取り），『脱中心化』していたものを『再中心化』するもの」である．この「ひっとるとは，『不即不離』―離れて付いて，付いて離れて―に示されるように，相手に付いたままで相手の拍子に引きずり込まれるのを回避し，独自のリズムで相手と調和する身体のはたらき」（筆者要約）のことであり，バレーボールにおいても同様のことが想定される．

つまり，相手チームの攻撃に対して防御を行う際，レシーバーの身体感覚は，相手チームセッターのトスに対するスパイカーの動きへの同型同調により相手の動きをひっとる（感得する）ことによって，「スパイク→レシーブ」の「間」を予期している．そして実際にスパイカーからボールが放たれると，レシーバーは「間」を合わせつつも（すなわち間合いをとりながらも）身体感覚は相手チームのスパイカーへの同調から「離れ」，味方のセッターへ返球する動作へと切り替わることよって，相手チームの攻撃（スパイク）に対する適切な守備（レシーブ）が完遂されるのである．

さらに言えば，このスパイカーへの同調から

セッターとの同調への切り替え（ゼロポイントへの配置）が早い段階で適宜行われるほど，レシーバーは自分自身のボールのコントロール性（自由度）を高めることになる．それと同時に，その後のセッターやスパイカーとの間合いの生成により多様な攻撃展開が可能になることは前述の例にみたとおりである．

2. 自チームの攻撃に対する相手チームの防御の「間合い」をはずす

敵対するチームのプレーヤーの「間合い」をはずすということは，相手チームに自チームの攻撃に対する防御の「間合い」をとらせないようにすることである．

例えば，セッターは，「トス→スパイク」のあいだに相手チームのブロッカーの「間合い」をはずすという戦術的かけ引きを展開している．つまり，これはセッターとスパイカーの巧妙な「間合い」によって，相手ブロッカーやレシーバーが十分な準備態勢をとれない状態にすることを狙うものである．

この「間合い」をはずすための攻撃展開については攻撃側のスパイクと防御側のレシーブのあいだのみで攻防が成立しているわけではないため，ここでは攻撃側チームのセッターの視点から，防御側チームのブロッカーとの「間合い」をはずす基本的な手法についてＡ氏の発言をもとに検討する．

2. 1 相手チームブロッカーの「間合い」をはずすために重要なセッターの静止状態「ゼロポイント」

Ａ氏は，セッターの「静止」の重要性について以下のように語っている．

抜粋⑥：「レシーブ→トス」の間にセッターがゼロポイントでの「間合い」を成立させることによって，ブロッカーもゼロポイントで待機することになるから，ブロッカーとのかけ引きはセッターが常にどこにでも上げられるという状態をつくるということが大切なんです．セッターがピタッと止まるポイントをつくることでレシーブの返球がネット際から

1 ～ 2m 離れたとしても，相手のブロッカーにＡクイックが来るかも…と思わせてギリギリまで留めさせることができる．そうなるとサイドのスパイカーに対するブロックの移動が遅れて十分な対応ができなくなり，スパイカーに有利な状態をつくれるんです．

攻撃側セッターがレシーブートスのあいだの早い段階でゼロポイントの静止状態をつくることができれば，防御側ブロッカーはうまくセッターの動きをひっとることができず，トスの予測を絞ることができない．そのため，局面の切り替えポイント（＝攻撃側セッターのボールヒット時）まで防御側ブロッカーの予期的な動きを引き留めることによって，その防御側ブロッカーの攻撃側スパイカーに対する「間合い」をはずし，攻撃側スパイカーに有利な状況をもたらすことができる．

2. 2「間合い」の高速化

セッターが攻撃を組み立てる際，もっとも基本となるのは，上述のように味方のスパイカーの攻撃に対して相手チームのブロッカーに十分な態勢でブロックに跳ばせないということである．基本的な例で言えば，レフトスパイカーへのトスの際，相手チームのミドルブロッカーが移動して十分な態勢でブロックに跳ぶよりも相対的に速く攻撃（トスアップ）することでブロッカーの「間合い」をはずし，有利な展開をつくるのである．近年のバレー界においては攻撃の高速化が顕著であり，特に男子においては，オフェンスの様態を分類する「テンポ」という概念のうち，最もトス→スパイクの「間合い」のスピードが速い 1st テンポによる連係攻撃が主流となってきている．このオフェンスの高速化は，まさに相手チームのディフェンスの「間合い」をはずすための効果的な戦術の1つに他ならない．

2. 3 時間差・位置差による「間合い」の戦術化

連係攻撃は，基本的にミドルブロッカーを中心としたレフトプレーヤーやライトプレーヤー

との連係によって展開されるパターンが多い．連係攻撃の最大の目的は，守備側のブロッカーのマークを拡散させ，的を絞らせないことにある．複数のスパイカーが時間差・位置差のある攻撃を展開し，ブロッカーを惑わせるによって「間合い」をとってブロックに跳ぶことができないようにしている．近年においては，こうした「間合い」をめぐる駆け引きはさらに高度化されている．現在，世界レベルにおいてはバックプレーヤーを含む最大４人のスパイカーが異なる位置から同時に1stテンポの攻撃を展開するシンクロ攻撃（同時多発位置差攻撃）が主流となっており，守備側の３人のブロッカーに十分な態勢で「間合い」を取らせない攻撃展開になっている．

2. ４ツー攻撃の有効性

一連のトス動作から繰り出されるセッターのツー攻撃は，相手チームのプレーヤーにとっては悩ましい攻撃の１つである．この攻撃は，セッターがジャンプトスの態勢からスパイカーにトスを上げると見せかけ，セッターが相手コートにボールを悠々と返球するという，相手チームの固定化した守備態勢の不意をつく攻撃である．セッターがトスを上げる前の段階で既に相手チームのプレーヤーの意識が次のトーススパイクの「間合い」を先取りしているところの不意をついて，実際のトーススパイクの「間合い」を見誤らせているのである．この有効性には，攻撃側のセッターのゼロポイントの位置取りも関係するところである．一度このツー攻撃を防御側のプレーヤーに警戒させることにより，その後のゲーム展開において防御側チームのブロッカーやレシーバーにトーススパイクの「間合い」の予期や対応する動きを過度に慎重に行わせるようになり，防御態勢を取るタイミングを遅らせることにもなるのである．

上記で見てきた通り，攻撃側チームのセッターを中心とした「間合い」のはずし方には，トスのスピードを速くすることだけでなく，相手の予期をしづらくすることによって相手チームのプレーヤーの動きを遅らせたり，また予期を誘うことで相手の意表を突く攻撃を織り交ぜ

たりすること等があり，それらを通して相手チームとのあいだに多彩な『『間合い』をとる―はずす」の攻防が展開されており，この戦術的かけ引きがバレーボールの戦略の中核をなしている．

3. ラリー中における「間合い」をとる―はずすの攻防

ラリー中にゼロポイントで「間合い」が成立することの重要性は，これまで何度も触れてきた．ここでは，Ａ氏の回答をもとにラリー中における「間合い」をとる―はずすの攻防を「ゼロポイント」との関連からまとめていく．

抜粋⑦：ラリー中，プレーヤーがボールを触る時って，選手の動きがみんな一瞬とまります．自分たちのチームもそうですし，相手のチームも．そこからボールがどこに打たれるかを見極めて動く．そして，その瞬間は両チームともに動きが止まる．そこにリズムを合わせていくから，止まって動く．要は，バレーボールの場合はラリー中の動きのリズムは両チームとも一緒です．

ラリー中の各局面に応じて，プレーヤーは適切なゼロポイントへの配置を常に試みているが，これはチームで想定されたフォーメーション上の位置取りのことと捉えて相違ない．そして，その局面ごとのゼロポイントへの移動はラリー中の「間」に取り行われるため，ラリー中にプレーヤーがボールヒットする瞬間は，敵・味方を問わずプレーヤーの動きがゼロポイントで一瞬止まり，ボールの行方に応じて次局面の動きを模索し開始することになる．

さらにＡ氏は以下の抜粋⑧において，ラリー中に相手チームのゼロポイントを崩し自チームにゼロポイントをつくりあげることがいかに重要な戦略であるかについて言及している．

抜粋⑧：バレーボールの「間」をはずすってことは敵のゼロポイントをどう崩すかってことで．連係が前提で，それをどう崩していくか．崩されたチームは連係ができなくなるし，

崩した方はチャンスボールが返ってきて更に連係の選択肢が増える，攻撃もしやすくなる．一方，崩された方は追い込まれていって最終的にラリーが終わる．ラリー中に「どっちが先にゼロポイントをつくれるか」ってことは，攻撃側のチームがスパイクを打っているから先手がとれているわけではなくて，守備側のブロックがバチっと構えていたら，ブロッカーが先手を持っている．特にトスが割れたりしたらブロックが先にゼロから1に切り替わって準備してますから，待ってましたって感じになります．

ここで語られている「敵のゼロポイントを崩す」というのは，相手チームが想定しているゼロポイントでプレーすることをいかに阻止するかということである．サーブから始まるラリー展開のなかで，どちらが優位にゼロポイントでの「間合い」をつくれるかがラリーの流れを左右することになる．それゆえ，サーブポイントを得るサーブ側のアドバンテージは別として，最初はレシーブ側にゼロポイントをつくり得るというアドバンテージがある．「サイドアウト」とは，レセプション（レシーブ）側がラリーを制し得点することであり，このサイドアウトを確実にものにすることが「負けない」戦い方の基本である．そして，サーブ側にまわったときに，いかに「ブレイク」して得点するかが勝利を決定する．テニスにおいてレシーブ側がゲームを取ったときに「ブレイク」と言うのとは反対であり，このことは，バレーボールにおいてゼロポイントをつくることがいかに優位性を示すものであるかを物語っている．

しかし，サーブ側のプレーヤーは，レシーブ側のスパイクに対しゼロポイントをつくって待ち受けることができる．サーブによってトスが割れたりしたら（ネットから離れたら），ブロッカーは「待ってました」とばかりに，スパイクを遮断できるよう態勢を取る．相手チームのゼロポイントを崩すとは，自チームの適切な「間」すなわち「間合い」を相手チームより先につくるということであり，それは「敵の『間合い』をとる—敵の『間合い』をはずす」とい

う戦術を利用して成り立つものである．

IX 結 語

バレーボールのラリー中においては，「主客混融の相互同調」による「間合い」の生成が試みられている．同型的同調・応答的同調の累積からなる組織的同調も，このどちらが主か客かという区別のない相互同調である．同時的に互いが同調し合っているのである．

さらに，これまで具体例でも示したようにレシーバーとセッターとのボールを介した「主客混融の相互同調」からつくられる「間」に合わせて，他のプレーヤーはスパイク攻撃に向けた準備動作を行う．また一方で，レシーバーとセッターは次のスパイク攻撃に向けた他プレーヤーの潜在的な準備動作を予期しながら，この相互同調によって「間合い」を生成するのである．

対戦する相手チームとの攻防は，いかに自チームの「連係」の「間合い」でラリーを展開し，相手チームの「間合い」での展開をつくらせないか，そのせめぎ合いにある．そのため，ラリー中には相手チームの攻撃に対して防御の「間合い」をとることでその攻撃を阻止したり，逆に相手チームのプレーヤーがとりにくる「間合い」を戦術的にはずすことによって自チームの攻撃を成功させたりしている．その際に重要なのは，相手チームより優勢にゼロポイントをつくることである．それによってボールのコントロール性を高め，多様な攻撃展開を可能にするとともに，相手の予測を困難にすることができる．この戦術的かけ引きがバレーボールの究極の魅力をなしているのである．

次に，今回の集団スポーツであるバレーボールの「間合い」の研究から浮かび上がってきた，従来の「間合い」の概念には示されていなかった性質を二つ指摘しておきたい．一つは，二重に生成し交錯する「間合い」の性質である．集団間の対立においては，相手集団の「間合い」を「同調」によって感得しながら味方集団の「間合い」を生成させるのである．すなわち，相手チームとの同調と味方成員間の同調が重なり合うことによって，共同（連係）場面におけ

る成員間の「間合い」と，競争場面の相手チームとのあいだの「間合い」の二重の同時成立が可能となるということである．

もう一つは，多様な「間合い」の生成には，メンバーそれぞれの「静止した」拠点が必要であるということである．バレーボールでは，各プレーヤーのゼロポイントでの静止という拠点つくりこそが，多様な「間合い」の生成を可能にし，かつそれらを合理的な攻撃をもたらす「間合い」として成立させるということである．それは，一定の地点での「静止した」構えというものが次の局面への新たな対応の動きを自在なものにするからに他ならない．このメンバーのそれぞれ静止した位置取り・構えは，いわば「間合い」を生成させるにあたってのレディネスであり，その重要性は少なくとも集団スポーツをはじめとする複数者の身体の移動を伴う文化領域においては強調されるべきものであろう．

最後に，今後の課題として「組織的同調」についてのより綿密な考察が考えられる．相手チームの攻撃に対する防御の間合いをとるために，相手チーム側のトス－スパイクの「間」にこちらの複数のプレーヤーがゼロポイントにスタンバイし，スパイクに備えたブロックやレシーブへ向けた同調の動きをそれぞれとり合う．ブロッカーとレシーバーのあいだにも相互同調によって互いの動きを予期し合うといった潜在的な連係が成立しており，レシーバーがその連係に応じて瞬時にゼロポイントを変更するということも生じる．また，自チームの攻撃に対する相手チームの防御の間合いをはずすために，セッターと複数のスパイカーとのあいだの巧妙な間合いによって，相手チームのブロッカーやレシーバーが十分な準備態勢をとれない状態にして，攻撃を成功させる．さらに，他のプレーヤーはセッターの動きの後にすばやくブロックフォローに入れるような同調の動きを潜在的に行っている．

ここで行われている相互同調は，主客無分節の状況である．しかし，このように観察的あるいは分析的に述べただけでは，相手チームセッターに「間」を合わせる相手チームスパイカーを起点にして防御態勢をとっているかのように，

またセッターが起点となって攻撃が組み立てられているかのように理解されてしまう．本稿の主客混融した相互同調の立場は，こうした誰かが「起点」になるということとは矛盾する．というのは，誰かを起点にするというのは，分節化が前提とされているからであり，それは相互同調における主客分節の喪失という状況とは真逆だからである．

プレーヤー自身はどうなのだろうか．プレーヤーは常に主客分節の喪失による相互同調の状態にあるわけではないはずだ．哲学における「認識」からすると，主客分節化する瞬間はあるはずではないか．セッターを攻撃の起点として客体的に捉えたり，要所を分節的に捉える瞬間もあると考える．すなわち，ここに「分節化」の視点が成立するのである．

そうすると，無分節─分節の統合を考える必要が浮上してくる．東洋哲学の井筒（1991）は，「無分節と分節との間の次元転換」が不断に繰り返される場の現成について触れる．例えば，aとbは，明らかに区別されているが，「互いに透明であり互いに浸透し合い，融け合い，ついに帰して一となり，無に消える．だが，消えた瞬間，間髪を入れず」，再びaとなりbとなると述べるのである．すなわち，他者を分節的に見ることと，再び無分節に併呑することの繰り返しによって，分節化された他者については自分をも包含した無分節の融合体の顕現として察知することができるということなのである．それゆえ，他者は分節であるにもかかわらず，そのまま無分節であるということだ．他者に対する客体としての判断は不要のままに他者を知ることができるということなのである．江戸初期の禅僧沢庵は，「兵法の上に是非を見ずして能く是非を見，分別をなさずして分別をなす道理あり」（沢庵，1992，p.222）という表現をしている．武術では，無分節になることによって，客体の本質としての動きが分節化されて浮かび上がってくる，すなわち動きの予期が可能となるということである．

バレーボールでは，無分節の相互同調のなかから，特定のプレーヤーが攻撃の起点として分節化されて浮かび上がってくると考えてよいか

どうか．このような議論を集団競技に展開させていくことは深遠で重要であるが，とてつもなく解決困難な問題であり，今後の継続的な課題としたい．

注

注1）「間」に関する概念規定としては，蒲生郷昭（1983），生田久美子（1987），川口秀子（1983），白石大二（1979），徳丸吉彦（1983）等によるものがあるが，表現される内容は多岐にわたる．南（1983）は，「間」の概念は間口が広く曖昧であることを前提にしつつ，「間」の現象を「生活における間」「武術とスポーツの間」「芸術における間」からとりあげている．また，中村（2002）も，「間」という言葉によって表現される内容自体があまりに広く，「間」の概念は多義多様でファジーであるとしている．ただ，これらの規定においては，「間」は何もない空白ではなく，豊かな意味や価値が生まれる隙間であるという点では共通している．なかでも，二つの対抗する力が臨機応変につながったり切れたりする動的な現象として捉えている河野哲也のもの（本文中に記述）が，バレーボールのラリーを最も適切に説明すると判断した．

注2）大野木（2005）は，「時間的」「距離的」「心理的」の３つの「間合い」をあげ，これらが対人関係のトラブルを予防すると言っている．また，諏訪ほか（2017, p.262）は『「間合いをつくる」とは自分と環境（人もモノも含む）の間で心身の状態を調整する作業」だと言っている．これらの点からも，河野の言うように「間合い」は他者とのあいだの適切な時間的・空間的・関係的な隔たりと捉えることができる．

文　献

生田久美子（1987）「わざ」から知る．東京大学出版会．

市川浩（1997）〈身〉の構造―身体論を超えて―．青土社．

井筒俊彦（1991）意識と本質―精神的東洋を求めて．岩波文庫．

大野木裕明（2005）間合い上手　メンタルヘルスの心理学から．日本放送出版協会．

亀山佳明（2012）生成する身体の社会学―スポーツ・パフォーマンス／フロー体験／リズム．世界思想社．

亀山佳明（2013）「身体論の可能性」，その後―制度の身体論から体験の身体論へ―．日本スポーツ社会学会編，21世紀のスポーツ社会学．創文企画，pp.84-100.

蒲生郷昭（1983）日本音楽の間．南博編，間の研究―日本人の美的表現．講談社，pp.131-152.

川口秀子（1983）日本舞踊の間．南博編，間の研究―日本人の美的表現．講談社，pp.167-181.

河野哲也（2022）間合い　生態学的現象学の探究．東京大学出版会．

迫俊道（2002）現代日本の伝統文化活動のフロー体験に関する研究．スポーツ社会学研究，10：36-48.

迫俊道（2006）芸道における身体教育の段階性に関する一考察．スポーツ社会学研究，14：83-93.

迫俊道（2010）芸道におけるフロー体験．渓水社．

迫俊道（2020）「待つ」行為における「さぐり」―「共育」コーチングとして指導者に求められるのはどういう姿勢か．水上博司他編，スポーツクラブの社会学『「コートの外」より愛をこめ』の射程．青弓社，pp.82-99.

酒本絵梨子（2012）スポーツ理解における「共振」概念の重要性―「引き込み現象」と「フロー」の統合という視点から―．スポーツ社会学研究，20（2）：65-77.

佐藤卯吉（1975）永遠なる剣道．講談社．

白石大二（1979）間を含む成語の辞典．南博編，現代のエスプリ いき・いなせ・間．至文堂，pp.196-207.

諏訪正樹・坂井田瑠衣・伝康晴（2017）間合いと身体知．人工知能，32（2）：255-262.

高梨克也（2020）ボールへの到達時間を予測する．春秋社．

沢庵（1600年代）太阿記．国書刊行会編（1992），武術双書．名著刊行会，p.222.

田中守（1982）剣道における「間」について―近世武芸伝書を中心に―．武道学研究，15（2）：31-32.

田中守（1984）剣道における「間」の考察．武道学研究，16（2）：1-7.

徳丸吉彦（1983）間は拍子かリズムか．南博編，間

の研究―日本人の美的表現. 講談社, pp.95-112.

中村敏枝 (2002)「間」の感性情報. 日本ファジー学会誌, 14 (1)：15-21.

中野八十二・坪井三郎 (1970) 図説剣道事典. 講談社.

西村秀樹 (2001) 大相撲における立ち合いの文化論. スポーツ社会学研究, 9：37-49.

西村秀樹 (2019) 武術の身体論 同調と競争が錯綜する場. 青弓社.

松田恵示 (2001) 交叉する身体と遊び―あいまいさの文化社会学. 世界思想社.

松村明 (1998) タイミング. 松村明監, 大辞泉 増補・新装版. 小学館, p.1614.

三橋秀三 (1972) 剣道. 大修館書店.

南博 (1983) 序説―間とは何か. 南博編, 間の研究―日本人の美的表現. 講談社, pp.7-20.

メルロ＝ポンティ：木田元・滝浦静雄訳 (2001) 哲学者とその影 (メルロ＝ポンティ・コレクション2). みすず書房.

$$\begin{pmatrix} 2023 \text{ 年 7 月 21 日 受付} \\ 2024 \text{ 年 8 月 1 日 受理} \end{pmatrix}$$

Advanced Publication by J-STAGE
Published online 2025/2/8

年報体育社会学　6：79-91，2025

原著論文

コロナ禍の高校野球における球児たちの「実践」：
「日常の喪失」は高校野球文化に
どのような影響を与え得るのか

中山健二郎

Kenjiro Nakayama: The "practice" of Japanese high school baseball players during the COVID-19 pandemic: How can the "discontinuities to everyday life" affect Japanese high school baseball culture?. Annu. Rev. Sociol. Sport. Phys. Educ.

Abstract: This study aims to analyze various aspects of the activities of Japanese high school baseball players during the COVID-19 pandemic, and consider the possibility that these activities may cause fluctuations and changes in Japanese high school baseball culture. The COVID-19 pandemic caused "discontinuities to everyday life" in Japanese high school baseball. Analyzing the thoughts and activities of the players at that time helps us to acquire insights into the fluctuations and changes in high school baseball culture.

Previous studies on Japanese high school baseball culture have examined the historical context in which beliefs such as "collectivism," "spiritualism," and "victory supremacy" have been considered exemplary of high school baseball. Further, these studies have examined how "narratives" symbolizing these beliefs have been shared in society and have defined people's interpretation of Japanese high school baseball. However, these studies have not examined fluctuations and changes in Japanese high school baseball culture.

This study conducted semi-structured interviews with 11 former Japanese high school baseball players who experienced high school baseball during the COVID-19 pandemic, and analyzed the data obtained on the players' activities through coding. The results of the analysis were considered from the theoretical perspective of the cyclical and prescriptive relationship between cultural "rules" and "practices" as proposed by the theory of cultural reproduction.

The analysis generated five conceptual categories for the "practices" of the players during the COVID-19 pandemic: "disciplined and habitual infection control for the team," "merits and demerits of reducing 'excesses,'" "individualization and voluntary activities," "uncertainty of prospects and redefinition of value," and "fluctuation of the image and 'authenticity' of Japanese high school baseball."

Each of these "practices" had two aspects: one was strongly bound by the "rules," whereas the other was produced flexibly by questioning the meaning of those "rules." The results suggest that the "practices" of the players during the COVID-19 pandemic may lead to fluctuations in Japanese high school baseball culture through the ambivalent effects of preserving and reinforcing cultural "rules" and promoting changes in them. These fluctuations may accelerate the reflexivity of the "correctness" and "authenticity" of Japanese high school baseball, leading to a continuous cultural change in high school baseball.

沖縄大学　人文学部
〒 902-8521　沖縄県那覇市国場 555 番地
連絡先　中山健二郎

Faculty of Humanities, Okinawa University
555 Kokuba, Naha, Okinawa 902–8521
Corresponding author k-nakayama@okinawa-u.ac.jp

Key words: extracurricular sports activities, COVID-19, cultural reproduction, interview survey, reflexivity

キーワード：運動部活動，新型コロナウイルス感染症，文化の再生産，インタビュー調査，再帰性

Ⅰ. 問題意識

2020 年より本格化した新型コロナウイルス感染拡大の影響をうけ，日本の部活動は，学校への休校要請に伴う一時的な活動の休止や，「新しい生活様式」に基づく活動の制限・変化（文部科学省，2020）を求められた．日本財団（2021）が実施した 18 歳意識調査によると，部活・サークルに所属する者および所属経験のある者のうち半数程度が，コロナ禍に 3 ヶ月以上の活動休止を経験したとされる．また，休校要請が解かれた後も多くの者が部活動の制限を経験し，「学校の楽しさ」の減退を感じていたという報告（木村・朝永，2022）もみられている．

こうした背景を念頭に，本研究ではコロナ禍の高校野球に焦点をあてる．高校野球は従来，活動時間がスポーツ庁の示すガイドラインの基準を超過する傾向にあること（鈴木，2018）や，甲子園大会[注1]を中心としたシステムが球児たちに過度な負担を生み出していること（氏原，2018）など，いわゆる「過剰さ」が度々議論の対象とされてきた．ところが，2020 年には甲子園大会や県を跨いだ大会の多くが中止[注2]となり，以降も他の部活動と同様に活動の制限・変化を求められた．つまり，指摘されていた「過剰さ」に意図しない形で制限が課せられたといえる．

2022 年夏の甲子園で優勝した仙台育英高校監督・須江航氏は，「"青春って，すごく密" なので，でもそういうことは全部『だめだ，だめだ』と言われて，活動していても，どこかでストップがかかって，どこかでいつも止まってしまうような苦しい中で，でも本当に諦めないでやってくれた」（NHK NEWS WEB，2022）と語っている．この語りは，コロナ禍の高校野球を問ううえで重要な示唆を与えてくれる．青春の「物語」（清水，1998）をまとい，ある種の

「過剰さ」を含みつつ蓄積してきた高校野球の日常が突如失われたこと，また，そのなかで球児たちが苦悩し活動を続けてきた経緯は，高校野球文化の態様に重要な影響を与えた可能性があるのではないだろうか．そこで本研究では，コロナ禍における「日常の喪失」が日本の高校野球文化にどのような影響を与えたのかについて，当時の球児たちの取り組みに着目して検討を行う．

Ⅱ. 先行研究の検討

ここでは，高校野球の文化的特徴に関する議論を整理し，コロナ禍での取り組みを論じる意義を確認するため，高校野球文化について示唆的な知見を蓄積してきた第一高等学校（以下，「一高」と略す）の野球信条と高校野球に関する研究，および儀礼論に依拠した高校野球研究について検討を行う．

1. 一高の野球信条と高校野球に関する研究

日下は，明治期に一高野球部で形成された，エリート主義に基づく「『武士』的な勝利至上主義と『武士道』的な精神修養」（日下，1975，p.28）の信条が，日本的野球観の源流であると論じている．また，坂上（2001）は，「勝利」「人間形成」「集団の秩序」を重視する日本野球の論理が形づくられた原点として一高野球部に着目し，ナショナルな気運の醸成や野球の抑圧に対する抵抗戦略などに，一高で「武士道」論が台頭した経緯を見出している．このように，学生野球史研究では，一高で形成された「武士道」的野球信条が，日本的な野球文化の形成に関する重要な背景として位置づけられている．

高校野球についても，一高の野球信条との関連から文化的特徴を読み解く研究が散見される．有山（1997）は，「集団主義」「精神主義」「勝利至上主義」に特徴づけられる「武士道」野球が一高生の指導を通じて中学野球（現在の高校野

球）に伝わったことや，夏の甲子園が創設される際に「武士道」的野球信条が中学野球の「面白さ」として価値づけられたことを指摘している．また，清水（1998）は，野球害毒論争を経て創設された夏の甲子園が高校野球の模範的な姿を示す意図で設計されていたことや，その模範的な姿の内実が，一高野球の信条に大会関係者の理想とする青年像を付加したものであったことを示している．

甲子園大会は戦時下の中断と戦後の復活を経て，現在まで高校野球文化の中核を担う大会として継続しており，そこでは「野球を一つの精神教育と考える戦前期以来の思想が強固に生き続けている」（有山，2002，p.28）とされる．1950年に制定された「日本学生野球憲章」は「精神主義」的な野球観を学生野球の本義として定め（中村，2010），今日でも「自己犠牲」の浸透（加藤・髙津，2022）や強固な「勝利至上主義」の弊害（小林・玉木，2023）などが指摘されている．

2. 儀礼論に依拠した高校野球研究とその課題

上述した高校野球文化の観念的側面は，今もなお高校野球に関わる人々の認識や行為を規定しているように思われる．この様相については，儀礼論に依拠した高校野球研究によって詳細に検討が行われてきた．

作田（1965）は，強固な規範性を有する甲子園大会について，本来的には自由な遊戯である野球が，非日常性や象徴性を媒介項として厳粛な儀礼にすり替わっていると指摘した．作田の指摘を受け，松田・島崎（1994）は，至高体験の生成という観点から，遊戯としての野球が聖なる儀礼として形式づけられるメカニズムを論じている．一方，菊（1994）は，甲子園球場の設計や立地に着目し，球場が物的文化装置として大会の儀礼化に影響を与えていることを示唆している．かくして聖化された甲子園大会は，「競争社会での典型的なマニュアル依存型行動様式」（沢田，1994，p.134）などの社会規範を人々に提示してきたとされる．また，メディアの影響に着目して高校野球の儀礼性を分析した清水（1987，1998）は，夏の甲子園のテレビ中継が「『青春』や『若者らしさ』の『物語』」（清水，1998，p.50）を生成し，高校野球に対する人々の固定的な解釈枠組みを生み出してきたと論じている．

以上のように，学生野球史研究や儀礼論に依拠した高校野球研究によって，「集団主義」「精神主義」「勝利至上主義」などの信条が高校野球の模範的なあり方とされてきた経緯や，これらの信条を象徴化した「物語」が社会に共有され，高校野球に対する人々の解釈を規定している様相などが論じられてきた．一方で，強固に形成された信条や「物語」の揺らぎ・変動をどのように捉えるかについては，これまであまり詳細に検討が行われていない．この点について，中山・松尾（2020，2021）は，高校野球の「正しいあり方」をめぐり「鍛錬主義」と「科学主義」のせめぎ合いがみられるとして，「物語」が揺らぎつつ再生産される動態的な様相を分析している．ただし，当該研究の視点はメディア報道と視聴者の解釈に限定されており，高校野球文化を形づくる重要な要素である球児たちの動向にあまり目が向けられていない点に課題が残る．球児たちの動向に着目した研究としては，「高校生らしさ」を演じる振る舞いについて論じた杉本（1994）や，「聖」への煽りと「俗」への沈めという甲子園大会の経験世界を示した白石・原（2023）などがみられる．これらの研究は，甲子園大会の儀礼性に規定された球児たちの認識・態度を読み解いている点で示唆的であるものの，球児たちの動向が高校野球文化を形づくる側面についてはあまり言及していない．

先述した須江氏の語りが示唆するように，コロナ禍では，これまでの高校野球の「正しいあり方」が社会的に「正しくないあり方」として位置づけられた可能性も推察される．この事態に，球児たちが何を思い，どのような取り組みを行ってきたのかを分析することで，先行研究に残された課題である高校野球文化の揺らぎや変動について，一つの重要な知見を得られる可能性があろう．コロナ禍の高校野球に関して，中澤（2020）は，大会中止の判断の遅れを部活動肥大化の象徴と受け止め，教育の枠組内での活動であることを再確認する必要性を指摘し

た．このように，コロナ禍を部活動変革の契機
と捉え，理念・制度レベルでより良いあり方を
検討する論考もみられる．一方，本研究では先
行研究に残された課題を踏まえ，「日常の喪失」
によって生じざるを得なかった現場レベルの動
向に着目することから，高校野球文化に揺らぎ
や変動がもたらされる可能性について検討を行
いたい．

III. 研究目的および理論的視座

本研究は，コロナ禍における高校球児たちの
取り組みの諸相を分析すること，および，それ
らの取り組みが高校野球文化に揺らぎや変動を
もたらす可能性について考察することを目的とする．
高校野球文化を動態的に捉え，その動態性を
球児たちの取り組みとの関連から検討するため，
ここではブルデューやギデンズの社会理論を基
盤とした文化の再生産論（宮島編，1995）を
参照する．当該理論では，文化的な「規則」と，
その文化の内部者による「実践」が相互に規定
的な関係として把捉される．ここでいう「規
則」とは，人々が行為を選択するうえで参照さ
れる「しつづける仕方」（田辺，1995，p.24）
の観念体系を指している．また，「実践」とは，
習慣性と実地での主観性・柔軟性を併せ持つ行
為概念（宮島，1995）である．「規則」は個々
人の「実践」を方向づけるが，「実践」は必ず
しも「規則」によってのみ機械的に産出される
訳ではなく，「規則」に方向づけられつつ「理
論通りにはいかない実際の状況のなかで，個々
に出会う出来事や突発する必要などに対応」（宮
島，1995，p.8）して生み出される．そして，
「実践」によって文化的な「規則」は「意図せ
ずして再生産」（田辺，1995，p.22）される．
したがって再生産論では，「実践」が実際的
状況に対応しつつ産出される過程に，社会・
文化構造の変動可能性が見出される（宮島，
1994；耳塚・中西，1995；白石，2017）．例
えば，耳塚・中西（1995）は，学校文化にお
ける生徒の進路選択が学力ヒエラルキーとジェ
ンダー規範に方向づけられていることを指摘し
た一方で，これらの方向づけに沿わない主観的

な意味解釈による進路選択の集積が，進路選択
の構造自体を変動させる可能性を示唆している．
文化の再生産論という視座から高校野球をみ
ると，「集団主義」「精神主義」「勝利至上主義」な
どの信条は，歴史的な「実践」の集積により形
成された一種の文化的「規則」であり，球児た
ちの取り組みは，これらの「規則」に方向づけら
れつつ実際的な状況のなかで主観的に選択され
た「実践」であるといえる．そして，コロナ禍に
おける「日常の喪失」は，まさに実地での突発
的な対応が求められた状況であり，その状況を
経て生み出された「実践」の集積は，高校野球
文化に揺らぎや変動をもたらす可能性を内包し
ていると考え得る．以上の議論を踏まえ，本研
究では，球児たちに対するインタビュー調査に
よってコロナ禍における「実践」の諸相を分析し，
それらの「実践」が高校野球文化に揺らぎや変
動をもたらす可能性について考察を行う．

IV. 調査概要

1. 対象・時期・方法

日本における新型コロナウイルス感染症の流
行は 2020 年初頭に始まり，同年 4 月 7 日に政
府の緊急事態宣言が発令された．以降，幾度か
の流行期を繰り返しつつ徐々に収束し，2023
年 5 月 8 日には政府が日常的対策を求めない
「5 類感染症」に位置づけられた．
本調査では，上記の時期に生じていたと思わ
れる高校野球の「日常の喪失」のなかでの球児
たちの「実践」を分析するため，2020 年度か
ら 2022 年度の 3 年間に継続して高校の硬式野
球部に所属していた者を調査対象とした．調査
は 2023 年 5 月から 10 月にかけて実施した．
調査期間に 2 校の国内私立大学（首都圏私大
と地方私大）で体育会硬式野球部に所属してい
た 1 年生から上記の条件に当てはまる者 11 名
（表 1）を抽出し，1 人あたり約 60 分間の半構
造化インタビューを行った．

2. 主な質問項目

球児たちの「実践」を探索的に分析すること
を意図し，「基本的属性」「入学前の高校野球に

コロナ禍の高校野球における球児たちの「実践」　83

表 1　サンプル特性

	都道府県	形態	居住	主な実績	ポジション／立場（3 年時）	インタビュー日
A	福井	私立	寮	県大会優勝，地方大会出場	外野手／レギュラー	2023 年 5 月 8 日
B	沖縄	私立	実家	県大会優勝，甲子園大会出場	投手／ベンチ入り	2023 年 5 月 10 日
C	鹿児島	私立	寮	県大会準優勝，地方大会出場	投手／レギュラー	2023 年 5 月 11 日
D	沖縄	公立	実家	県大会ベスト 8	外野手／レギュラー	2023 年 5 月 16 日
E	沖縄	私立	実家	県大会優勝，甲子園大会出場	内野手／ベンチ入り	2023 年 5 月 19 日
F	鹿児島	私立	寮	県大会準優勝，地方大会出場	内野手／レギュラー	2023 年 5 月 19 日
G	沖縄	公立	実家	県大会ベスト 8	外野手／レギュラー	2023 年 5 月 22 日
H	長崎	公立	実家	県大会ベスト 4	内野手／レギュラー	2023 年 10 月 26 日
I	埼玉	私立	実家	県大会ベスト 8	捕手・外野手／レギュラー	2023 年 10 月 26 日
J	広島	私立	寮	県大会優勝，甲子園大会出場	捕手／レギュラー	2023 年 10 月 27 日
K	鹿児島	私立	寮	県大会ベスト 16	捕手／レギュラー	2023 年 10 月 27 日

対する認識」について質問した後，高校 1 年時から 3 年時までの時系列に沿って「部や個人の活動状況」「求められた対応や制限」「対応や制限に関する認識・態度」「具体的な練習・活動内容」などについて質問を行った．

3．倫理的配慮

本調査は，沖縄大学「人を対象とする研究倫理審査委員会」の承認を得て実施した（承認番号 2022-13）．対象者に対し，調査の目的，個人情報の保護，収集したデータの扱い等を書面および口頭で説明し，同意書に署名を得てインタビューを行った．インタビューは対象者の許可を得たうえで録音し，音声データは逐語録作成後に破棄した．

4．分析手続き

得られたデータから球児たちの取り組みを一定のまとまりとして把捉するため，佐藤（2008）が提示したコーディングの手続きを参照して分析を行った．具体的には，①逐語化したデータを文書セグメントに分割して要約的な「記述的コード」を付与する，②記述的コードと対応する文書セグメント同士の関連性を検討し，意味のまとまりが認められた文書セグメントをカテゴリー化して「分析的コード」を付与

する，③各分析的コードの意味と関係性を検討し，一定のまとまりをもった「実践」を説明する「概念カテゴリー」を生成する，という帰納的な手順で分析を進めた．②，③の手順では，一度行った後に期間を空けて再度同様の手順を行う再テスト法（土屋，2016）を用いたほか，繰り返し手順を往復してコードの再定義と適切な布置の検討を繰り返し，分析の妥当性担保に努めた．

Ⅴ．調査結果

上述した手続きを経て，24 個の分析的コードおよび 5 個の概念カテゴリーが生成された（表 2）．各概念カテゴリーの内容を以下に記述する．なお，文中では分析的コード名を【　】で示し，代表的な文書セグメントの抜粋を「　」で記している[注3]．

1．チームのために規律化・習慣化された感染対策

コロナ禍での活動に際しては，マスク着用や検温・消毒管理，声出し禁止，黙食，寮や自宅からの外出制限など，状況に応じて可能な限り【感染対策の徹底】が図られていた．また，「ペナルティーがあるんで，コロナになってから

表2 コーディング結果

概念カテゴリー	分析的コード	該当する文書セグメント例（要約）
チームのために規律化・習慣化された感染対策	感染対策の徹底	「ずっとマスク」「毎日検温がある」「黙食を徹底する」など
	部における感染対策の規律化	「部のルールが増えた」「忘れると監督に指導される」など
	チームのための感染対策	「先輩に迷惑をかけないために」「感染するとチームに迷惑がかかる」など
	感染対策への慣れ	「薄ずっとマスクをしていて慣れた」「不便ではなく当たり前になった」など
「過剰さ」縮減の功罪	短い練習時間	「学校から練習時間が制限された」「グラウンドに行けない日があった」など
	自チームに閉じた環境	「対外試合ができず自チームで実戦練習をしていた」「外出が禁止されていた」など
	物足りなさ	「もっと練習がしたかった」「仲間と練習する楽しさが減った」など
	厳しさを回避できる喜び	「休みが多くて嬉しかった」「コロナ禍が無かったらもっときつかった」など
	合理性や質の向上	「合理的な練習を意識した」「長く練習した方が良いという感覚が変わった」など
個人化と自主的活動	集団性の解体	「分散登校で集まらない」「感染者は隔離され、いる人でやるしかない」など
	自主練習の増加	「全体練習ができない分自宅で自主練習が増えた」「自宅で自主練習していった」など
	仲間とこっそり自主練習	「駄目といわれていたけど友達と集まって練習していった」など
	自分と向き合い考える機会	「自分で向き合うことが増えた」「自分で考えてやる練習で成長できた」など
見通しの不安と価値の再定義	繰り返す中断や制限	「再開と中断の繰り返し」「第n向波が来たらまた練習制限になっていた」など
	大会中止の不安	「本当に大会があるのか不安」「緊急事態宣言が続いて大会が心配だった」など
	目標喪失と計画の困難	「大会が不透明で目標設定が難しい」「中断で計画的な練習ができない」など
	大会があると信じて活動する	「大会があるものと考え練習をする」「あると信じて目標設定する」など
	自分なりの価値づけ	「野球を楽しもうとする気持ちが強くなった」「個人の成長に集中できた」など
高校野球イメージや「らしさ」の揺らぎ	甲子園大会に作られたイメージ	「テレビで見ていた甲子園のイメージ」「甲子園を目指すことが高校野球」など
	イレギュラーな状況での入部	「6月まで部活ができなかった」「入部してコロナ禍で曖昧な状態が続いた」など
	受け継がない伝統	「食事を準備する係がコロナ禍でやらなくなった」「激励会を廃止された」など
	イメージとのギャップ	「入学前のイメージとかけ離れていった」「声援の中で野球がしてみたかった」など
	コロナ禍が「当たり前」	「前を知らないから違いがわからない」「自分達にとってコロナ禍が標準」など
	「高校野球らしさ」が戻った	「やっと高校野球をやっているという感じ」「高校野球らしさが戻ってきた」など

（部のルールが）プラスされたと思います」（A氏），「忘れるとまた怒られるんですよ．普段だったらやらなくて良いことが，コロナになって3つくらい増えた気がしましたね」（C氏）などの語りにみられるように，感染対策は違反すると指導を受けるルールとして位置づけられ，【部における感染対策の規律化】が生じていた．これらの対策や規律化は，「寮の管理している人が結構うるさくて」（C氏），「コロナ関係は基本監督から言われます」（D氏）というように，主に学校や指導者によって決定されていた．

感染対策の受け止め方について，B氏は「自分たちが罹ったら先輩たちにも迷惑がかかるんで，一個上の先輩がいるときはもう，しっかりやってました」と語り，特に下級生の時には気を使っていたことを明かした．また，E氏は，ルールを破って外食に行った仲間に対し「なんかチームのことはどうでもいいのか，みたいな感じ」と語っている．これらのように，球児たちは個人の健康管理のためというよりも【チームのための感染対策】という意識で規律を受け止めていた．対策をする期間が続いたことで「不便には思わなかった．当たり前になってました」（A氏），「それに馴染んでくるんで，不自由とは思ってないですね」（H氏）というように，【感染対策への慣れ】が生じていたことも示唆された．

2.「過剰さ」縮減の功罪

日々の活動状況に関しては，「練習時間は短かった．短い練習でやるみたいな感じでしたね」（D氏），「時間制限みたいなのがあって，1時間半とかしかできない」（G氏）など，【短い練習時間】での活動が求められていた．また，「一つ上の時は大会までに一回も練習試合しなくて，そのまま大会でした」（A氏），「オフの時とかがもう全く外出禁止とか，コロナのあれで，遊びにもいけない．だからもうずっとグラウンドとかで遊んでいたり」（F氏）などのように，対外試合や外出の制限が【自チームに閉じた環境】を生み出していた．先述した感染対策と同様，短い練習時間や閉じた環境についても「練習が終わったらすぐ帰ってって先生たちからも言われてた」（D氏），「遠征いけなかったです．全部学校側が禁止してたんで」（F氏）といったように，主に学校や指導者が決定していた．

こうした状況について，K氏は「高校野球って長いイメージがあったので，コロナで練習があっても長くはできなかったりして，練習長くてきついとかじゃなくて，なんかあんまりできなくてきついみたいな」と語っている．また，学校の制限が厳しかったというI氏は「学校としては中に入れたくないのでなるべく早く帰ってくれっていう感じの雰囲気はやっぱりこっちとしても分かって，でもやりたい子はいっぱいいたので，そういうところがやっぱもどかしさみたいな」と語っている．このように，活動の制限に球児たちが【物足りなさ】を感じていた様相が看取された．

一方，公立の進学校に在学していたH氏は，活動制限について「『よっしゃー』ですね（笑いながら）．公立は私立より上を目指している人が少ないんで，いかに楽するか考えてました」と語っている．また，甲子園大会出場を目指して野球強豪校に在学していたJ氏も，1年時に経験した練習短縮について「本当は1年生，凄いきつい期間で，走ったり体力強化する期間でもあったので，正直ちょっと嬉しかった」と語っている．このように，活動制限がむしろ【厳しさを回避できる喜び】として受け止められていた側面もみられた．加えて，「短い時間しか練習できない分，質があがるんですよ．短い時間で集中してやる感じで，長くダラダラとやるんじゃなくて」（D氏），「短いんで限られた時間で，自分はそれのほうが合ってたって感じです．（全員で同じことをするのは）意味ないことも多いんで．他の人もいるじゃないですか，そしたらその分待つ時間ができるじゃないですか」（F氏）などのように，活動制限が結果的に【合理性や質の向上】に繋がっていた可能性も示唆された．

3．個人化と自主的活動

活動の形式については，「学校の分散登校が終わるまでは偶数，奇数の人たちだけで練習」（A氏），「完全に学年で分けて練習していた感

じ」（F氏）などの分割された活動や，「（感染が）流行った時期はほぼ（レギュラーが）いなかったですね」（C氏），「（感染者になった）その子が来れない，あとは濃厚接触者とかも来れなくなったりしましたね」（D氏）など，人が揃わない状況が頻繁に生じるといった【集団性の解体】が生じていた．練習方法は「自主練っていう形が多くなったりしたのかなーと思います」（C氏），「多かったです，自主練習」（K氏）というように，【自主練習の増加】が顕著にみられた．

集団活動が限定され自主練習が増加するなかで，「グラウンドが遠かったんで，本当は練習しちゃ駄目なんですけど，バレないような感じだったんで，そこ使って3，4人くらいでやったり」（H氏），「したら駄目な時間とかにも，シャトルとか打ったり，ちょっとトスとかキャッチボールとかしたりして，みたいなのはしていました．監督さんには内緒で，自分達で」（K氏）など，【仲間とこっそり自主練習】を行ったという語りも多くみられた．また，「指導者がこれやれ，あれやれっていうのはなかなかこの期間ではできなかったけど，自分自身で考えて自分の弱さというか課題をどういう風にしたら潰せるかとか，そういうのを自分で考える時間にはなっていました」（B氏），「なんか自分で考える時間が増えましたね」（F氏）というように，【自分と向き合い考える機会】が生じていたものとみられた．

4．見通しの不安と価値の再定義

活動の展開については，「練習やっては緊急事態入って，みたいなのの繰り返しで，なかなか継続的に練習を続けられなかった」（B氏），「2年生の春くらいですかね．時短とか言われなくなったんですけど，第何波っていうのがきたら，またその度に言われるみたいな感じで」（K氏）など，【繰り返す中断や制限】が生じていた．そのなかで，「（大会）中止みたいなのが，自分たちの代になってこんなんになったらどうなるんだろう，みたいな．なんかずっと，緊急事態宣言を挟んでいってたんで，いつまで続くか心配になっていました」（E氏），「不安になりましたね，自分たちも，試合とか無くなる

のかなーって」（G氏）などのように，多くの者が【大会中止の不安】を感じていた．

こうした状況について，C氏は「もしかしたら明日は練習できないかもしれない，明日休みかもしれないけど，もしかしたらできるかもしれないっていうのがあるんで，（練習の）組み方が難しかったですね」と，計画的な練習の困難さを語っている．また，I氏は「どんなに一生懸命練習しても，大会があるか分からないですし．高校野球やっていたら大きな大会で勝つっていうのは当然の目標だったので，当分大きな大会があるか分からなかったなかで野球やるのは難しかった」と語り，大会開催が不透明であったことのもどかしさを明かしている．これらの語りにみられるように，【目標喪失と計画の困難】を多くの者が抱えていたことが示唆された．結果として，「一応（大会が）あるっていうのは考えてやってる感じです」（F氏），「大会があると信じて，みんな練習してた」（H氏）などのように，【大会があると信じて活動する】状況が生じていた．

一方，目標設定の困難さを語ったI氏は，同時に以下のようにも語っている．「大会がないなかで，自分で自分を確認する時間が増えたので，自分を確かめる時間が長くできるっていうメリットに自分のなかで置き換えて，自分と対話するような時間が増えました．中学生まではめちゃめちゃ自分は勝利至上主義で，勝たないとやっている意味がないと，コロナ入る前はそう思ってたんですけど，人と集まれない時間が多かったりして，自分と対話したりそういう時間が入ったと思うので，そのなかで，勝ちにこだわりすぎても意味ないんじゃないかなって，そういうことをみんな思ってたんじゃないかな」（I氏）．また，練習量に物足りなさを感じていたというD氏は「野球に対する思い入れが強くなって，いつコロナでまたできなくなってもいいように，できるときは全力でやってましたね．野球に対する想いが強くなりましたね」と語っている．このように，コロナ禍の経験から，球児たちが高校野球に【自分なりの価値づけ】を行う側面も看取された．

5. 高校野球イメージや「らしさ」の揺らぎ

球児たちの3年間を俯瞰すると、「甲子園をテレビで見ていて、この甲子園でプレーをしたいっていう思いでした」（E氏）、「中学校の時とか高校野球は甲子園のイメージが強いから、みんな泥臭く楽しんでやっているイメージだった」（H氏）など、多くの者が入学前から高校野球に対して【甲子園大会に作られたイメージ】を有していた。しかし、入学後は「自主練習みたいな形ではじまりました。がっつりグラウンドに行ってとかは、5月の後半とかかな」（B氏）、「野球部とかもまったく活動もなかったんで、最初。結構長い間で、1ヶ月はもう丸々なんもなかったような気がします」（G氏）などのように【イレギュラーな状況での入部】となった。また、「前まではライバルと応援合戦とかがあったんですよ。それも結局2年やってないんで、1年のころにスタンドにいたメンバーがやってなくて、分からないじゃないですか。新しく1年生が入ってきたときに、それが引き継がれないんで、もうそれが無くなったり」（C氏）、「自分たち片付け担当なんですよ、1年生が全部するんですけど。やっぱ食堂とか使えなくなったので、そういうのは無くなりました」（F氏）など、【受け継げない伝統】も存在していた。

高校野球を振り返り、「思ってたのとはかけ離れてましたね、結構」（E氏）、「自分、昔から甲子園とかもちろん見てて、それとはある意味真逆のようなイメージでの高校3年間だった」（I氏）など、【イメージとのギャップ】を語った者は多いが、一方で「これが基準で自分らは始めたんで、コロナ基準で」（A氏）、「入ってきたときがもうその状況だったので、前が分かんないですね」（K氏）などのように、【コロナ禍が「当たり前」】という認識も多くみられた。

2年時の秋から活動制限が緩和されてきたA氏は、その時の心境を「ちゃんと感染予防しながら、ルールにかからないギリギリのところまではやるみたいな感覚で、ザ・高校野球してた感じですね」と語っている。また、3年時に主将を務めていたI氏は、「抽選会行ったんですよ。やっと高校野球だなって思ったのがそこで

すね、多分。ちょうど3年の夏が色々解禁された年だったんで、これが自分が目指していた高校野球だなっていうのは思いました」と語っている。このように、制限が緩和されていく過程に球児たちが【「高校野球らしさ」が戻った】感覚を抱いていた様相も看取された。

VI. 考 察

以上の調査結果を踏まえ、ここでは文化の再生産論の視座から、球児たちの「実践」が高校野球文化に揺らぎや変動をもたらす可能性について考察を試みる。

1.「規則」の拘束性と「実践」の柔軟性

感染対策や活動状況に関する語りでみられたように、コロナ禍で球児たちが活動する条件や形式は、主に学校や指導者によって決定されていた。まず、これらの突発的な条件づけに対する球児たちの「実践」と、文化的な「規則」としての「集団主義」「精神主義」「勝利至上主義」との関係性を読み解いてみたい。

「集団主義」をめぐっては、特に「チームのために規律化・習慣化された感染対策」「個人化と自主的活動」という概念カテゴリーが重要な示唆を与えてくれる。従来、高校野球における「集団主義」は、個人的感情の抑圧と集団的価値基準の優先（沢田，1994）、秩序のための自己犠牲（坂上，2001）などに特徴づけられるとされていた。コロナ禍の「実践」をみると、感染対策の規律化を個人の健康よりもチームのためとして遵守・習慣化する様相は、まさに従来的な「集団主義」を象徴する事象であり、現場での必要性に対応した「実践」が「規則」の強い拘束をうけ展開されたものと捉えることができる。

一方、練習の個人化は、「自分の課題を潰して自分と向き合う時間が増えた感じ」（F氏）、「個人の課題に目を向ける時間が増えたんで、個人のレベルアップには繋がった」（K氏）など、球児たちがまずもって個人の課題や能力にフォーカスする機会を増加させた。こうした「実践」は、「こうやればもっとチームが良くな

るんじゃないかって考え」（I 氏）など，集団の価値向上を意識した側面のほか，「自分で考えてすることが身についたんで，普通の全体練習しかないっていう高校野球よりもそういう面では成長できた」（K 氏）など，高校野球に限定されない選手としての価値向上に資すると解釈される側面もみられた．コロナ禍でなくとも，自主練習などによる同様の「実践」はみられたと思われるが，その機会がコロナ禍において増加したことは，従来指摘されていた自己犠牲と個人の抑圧というよりも，より個人の意思や目的を起点とした柔軟な「実践」が産出されやすい状況を生み出していたといえる．また，こっそり行われていた仲間との自主練習についても，外部から条件づけられた集団的規律に対抗する自治性を帯びた集団活動であるという点に，柔軟な「規則」の意味の読み替えを見出すことができる．

「精神主義」をめぐっても，特に「『過剰さ』縮減の功罪」という概念カテゴリーで「規則」の拘束性と柔軟な意味の読み替えが看取される．精神性を重視することで修養・鍛錬的な「苦しきトレーニング」（坂上，2001，p.158）「練習漬けの日々」（小林，2023，p.7）が行われがちであるとされる高校野球で，練習の短縮や閉鎖性に直面した球児たちは，その状況に物足りなさを感じつつ，開放感を味わう様子もみられた．例えば，K 氏が練習の物足りなさについて「高校野球って長いイメージがあったので」と語ったことは，「規則」に沿った高校野球への構えを有していたが故の困惑を顕著に示している．一方，「過剰さ」から逃れることを喜ぶ態度は，「規則」に沿った行為の意味や妥当性を問い直す「行為の反省的モニタリング」（田辺，1995，p.31）の契機であったとも捉え得る．結果として生じていたとされる練習の合理化や質の向上は，「規則」の意味を読み替えながら柔軟に産出された「実践」の一つであるといえよう．

「勝利至上主義」に関しても同様に，「見通しの不安と価値の再定義」という概念カテゴリーから「規則」の拘束性と意味の読み替えを読み取ることができる．甲子園大会を頂点としたトーナメントでの勝利を基準に目標設定がなさ

れる（小林・玉木，2023）「規則」の拘束性は，大会中止への不安と目標設定への困惑，それでも大会があると信じて練習をする球児たちの「実践」に顕著に表れている．一方，計画的な取り組みが困難ななかで，「今のこの野球できていることに感謝する」（C 氏），「みんなが楽しくっていうか野球やりやすいようにする」（H 氏）など，日々の取り組みに対して価値を再確認する様相もみられた．なかには「勝ちにこだわりすぎても意味ないんじゃないかなって」（I 氏），「ただ勝つってよりは，（感染で出られない）そいつのためにやろうっていう」（K 氏）など，勝利に対する意味づけの再定義も看取され，勝利を「至上」とする考え方の問い直しや意味の読み替えが含まれていた可能性も指摘できる．

2. 両義的な「実践」と「正しいあり方」の再帰性

以上のように，コロナ禍における球児たちの「実践」には，「集団主義」「精神主義」「勝利至上主義」という文化的「規則」に強く拘束され，その論理に沿ったあり方と，「規則」の意味を問い直し，読み替えつつ柔軟に産出したあり方という二つの側面が看て取れる．「規則」が「実践」の集積によって再生産されることを踏まえれば，上記の二側面はそれぞれ，「規則」に沿う「実践」の集積が「規則」を保存・強化する可能性と，「規則」の意味を読み替えた「実践」の集積が「規則」の変動を促す可能性を有している．換言すれば，球児たちが困難な状況に対して従来的な「正しいあり方」に準拠して対処することで「正しさ」が再確認されるプロセスと，従来の「正しいあり方」では対処しきれない現場での柔軟な対応が「正しさ」の更新を迫るプロセスが同居しているといえる．

こうした「実践」の両義性は，結果として高校野球の現場に「何が正しさであるのか」の揺らぎを惹起し，その問い直しを促進させる可能性がある．この構図について，「高校野球イメージや『らしさ』の揺らぎ」という概念カテゴリーを踏まえて考察を加えておく．球児たちは入学前から，甲子園大会に形づくられた高校野球のイメージを有していた．このことは，高校野球

の文化的「規則」を学び取る過程が高校入学以前にも存在することを示唆している．甲子園大会の観戦や野球関係者との対話などを経て，球児たちは入学前から，高校野球の「正しいあり方」や「らしさ」の一部を学習し了解しているものと推察される．一方で，高校入学後は入部時のイレギュラーな状況や受け継げない伝統，その他これまで論じてきた様々な制限に直面し，多くの者がイメージとのギャップに困惑していた．その結果，改めて「規則」に準拠し，あるいはその拘束性に囚われない柔軟性を発揮し，上述した両義的な「実践」を生み出してきた．

田辺によれば，「規則」に準じた行為に不測の事態が生じたとき，行為者は「自己や他者の行為を言説的に認知することによって，その意図や目的を明瞭なものとする必要に迫られ」，結果として「あらためて行為の意味が問いなおされ，その理由に応じて，新たに行為が組織化されていく」（田辺，1995，p.31）という．この議論に依拠すれば，コロナ禍において球児たちは，平時以上に高校野球をめぐる「正しいあり方」や「らしさ」を問い直し，自己言及的に意味づけながら活動していたことになる[注4]．制限が緩和された時期の練習やイベントに「高校野球らしさ」が戻った感覚を抱きつつ，一方でコロナ禍に行ったことが自分たちにとっての「当たり前」であると語り，その経験に価値づけを行う球児たちの姿には，高校野球とはいかなるものであるのかという自己言及的な意味づけを懸命に行いながら活動を継続してきた経緯が表れている．

3. 高校野球文化の変動可能性

これまでの議論をまとめると，コロナ禍で高校野球に生じた「日常の喪失」は，高校野球文化における「集団主義」「精神主義」「勝利至上主義」などの観念的側面に対し，その保存・強化と変動促進という両義的な影響を与え得る球児たちの「実践」を生み出しており，それら「実践」の背景には，高校野球における「正しいあり方」や「らしさ」の意味を問い直し自己言及的に意味づける，再帰性[注5]の加速ともいうべき事態がみられたといえる．ここで見出され

た影響は，「A から B に文化が変わる」というよりも，「A が正しいのか B が正しいのか問い直しを迫られる」という揺らぎである．

最後に，こうした再帰性の加速の先に，ある種の可視的な文化変動，すなわち，「規則」と「実践」の循環的な規定関係に何らかの継続的変化がもたらされる可能性があるのかについて論じてみたい．例えば，短時間で合理化された練習は，今後も元に戻ること無くそれが「正しいあり方」として継続され得るのであろうか．田辺（1995）によれば，文化の再生産過程で大きな変動が起きるパターンの一つとして，行為の意味の問い直しの結果，現状の矛盾と理想的な状態との差異が意識化されることが挙げられるという．この議論を踏まえれば，以下に示す I 氏の語りは，上述した文化変動の可能性を考えるうえで大変示唆的である．

短時間で合理的っていうか質の高い練習をしようと思っていました．長い時間練習しているところが多くあったりして，やってみないと分からなかった短時間の練習とかに気づけなかったと思うんですよ．今までにない視点に気づけたのはコロナになったからだと思います．練習いっぱいしなきゃ上手くなれないっていう風潮がコロナまではちょっとあったと思うんですけど，短い練習になったときに，そんなことないよって教えてくれたのがやっぱりコロナだったのかなって（I 氏）．

この語りは，短時間での練習という突発的な状況に対応した「実践」の意味を問い直す過程で，従来的な「正しさ」の矛盾や理想的状態との差異に目が向けられている様相を示していよう．こうした問い直しの結果，もし新たに生じた短時間で合理化された練習が少しずつ「正しいあり方」として意識され，その「実践」が集積すれば，結果的に文化的「規則」の更新と，更新された「規則」が規定する新たな「実践」の産出という形で，高校野球の練習のあり方に継続的な文化変動がもたらされる可能性もあろう（図 1）．

以上のように，コロナ禍の高校野球における

「日常の喪失」は，高校野球文化の観念的側面について，その意味を問い直す再帰性の加速化という影響を与えており，この影響は，従来的な「正しいあり方」や「らしさ」の矛盾にも改めて目が向けられる契機となり得るという点において，結果として「非合理的」であるとされる取り組みに変化をもたらすなどの，文化変動に繋がり得る土台として位置づいたと考え得るのではないだろうか．

VII. 残された課題

本研究では，調査結果から高校野球文化の観念的側面の揺らぎ，再帰性の加速化という事態を見出したが，その事態がもたらし得る継続的な文化変動の可能性については，理論的な推察に留まっている．新たな「実践」の集積が文化的「規則」の更新を導いていく具体的な過程を明らかにするためには，コロナ禍で生じた「実践」のみならず，今後の「実践」を継続的に観察し記述していく必要がある．その際には球児たちだけではなく，高校野球に関わる他の諸主体の動向を広く捉えていくことも必要となろう．特に，「正しいあり方」の地位をめぐる諸主体間の教育戦略や象徴戦略のせめぎ合いを分析することは重要（松尾, 2001）であり，例えば，新たに生じた「実践」を指導者が部活動指導という文脈にどう意味づけていくのか，あるいは，メディアがどのように報じていくのかといった側面の分析などが求められよう．恐らく，本研究で提示した再帰性の加速化という土台のうえで今後展開されるであろう，高校野球文化の「正しいあり方」や「らしさ」を賭けた諸主体間の闘争を分析することは，今後の課題としたい．

また，本研究では調査対象者が所属した学校形態や地域にやや偏りも生じている．コーディングにより，これらの属性を超えた共通性を見出す分析を志向した結果，球児がおかれた環境の個別性が捨象されているという課題も残る．本研究で示唆された「実践」の傾向性の内部にあるミクロな個々人の葛藤や行為選択の背景を読み解くためには，事例を限定化したナラティブな分析なども重要な課題となろう．

注

注1） 本稿では，全国高等学校野球選手権大会を「夏の甲子園」，選抜高等学校野球大会を「春の甲子園」と表記し，これら2つの大会を合わせた意味で「甲子園大会」という表記を用いている．

注2） 2020年春の甲子園に出場予定であった32校を対象に，夏に甲子園球場で交流試合が実施された．また，夏には各都道府県で夏の甲子園への出場権を争わない「独自大会」などが開催された．

注3） セグメントの抜粋において丸括弧で示されている文は，抜粋の際に語りの文脈を踏まえて筆者が補足したものである．

注4） 「実践」が主観性・柔軟性を含む行為概念（宮島, 1995）である以上，こうした問い直しの可能性はコロナ禍でなくとも行為者に開かれているが，田辺（1995）の議論を踏まえれば，コロナ禍ではその問い直しが「必要性に迫られる」形で促進されるものと考え得る．

注5） 「再帰性（reflexivity）」には多様な解釈があるが，ここではギデンズ（1993）の理論に代表される，行為者が反省的なモニタリングを通じて行為の意味を自己言及的に定め正当化する過程を示す概念として扱っている．

文 献

有山輝雄（1997）高校野球と日本人：メディアのつくったイベント．吉川弘文館．

有山輝雄（2002）戦後甲子園野球大会の「復活」．津金澤聰廣編著，戦後日本のメディア・イベント［1945-1960年］．世界思想社，pp.23-45．

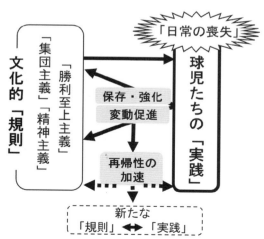

図1　コロナ禍の球児たちによる「実践」と高校野球文化

ギデンズ：松尾精文・小幡正敏訳（1993）近代とは いかなる時代か？：モダニティの帰結. 而立書房.

加藤貴英・髙津浩彰（2022）甲子園出場を目指す高 校野球選手の3学年にわたる心理的競技能力の変 化. スポーツパフォーマンス研究, 14：209-222.

菊幸一（1994）物的文化装置としての甲子園スタジ アム. 江刺正吾・小椋博編, 高校野球の社会学： 甲子園を読む. 世界思想社, pp.83-111.

木村治生・朝永昌孝（2022）中高生の休校中の生 活時間：休校になると生活はどう変わるのか. ベ ネッセ教育総合研究所編, コロナ禍における学び の実態：中学生・高校生の調査にみる休校の影響. ベネッセコーポレーション, pp.17-28.

小林信也（2023）「野球は二〇歳になってから！？」： 私が真剣に高校野球改革を叫ぶ理由. 玉木正之・ 小林信也編, 真夏の甲子園はいらない：問題だら けの高校野球. 岩波書店, pp.4-21.

小林信也・玉木正之（2023）真夏の甲子園大会はい らない！：高校生のための高校野球への提言. 玉 木正之・小林信也編, 真夏の甲子園はいらない： 問題だらけの高校野球. 岩波書店, pp.22-50.

日下裕弘（1975）明治期における「武士」的,「武 士道」的野球信条に関する文化社会学的研究. 体 育・スポーツ社会学研究, 4：23-44.

松田恵示・島崎仁（1994）甲子園と奇蹟. 江刺正吾・ 小椋博編, 高校野球の社会学：甲子園を読む. 世 界思想社, pp.39-62.

松尾哲矢（2001）スポーツ競技者養成の〈場〉とハ ビトゥス形成：学校運動部と民間スポーツクラブ に着目して. 体育学研究, 46：569-586.

耳塚寛明・中西祐子（1995）学校文化と進路選択. 宮島喬編, 文化の社会学：実践と再生産のメカニ ズム. 有信堂高文社, pp.98-123.

宮島喬（1994）文化的再生産の社会学：ブルデュー 理論からの展開. 藤原書店.

宮島喬編（1995）文化の社会学：実践と再生産のメ カニズム. 有信堂高文社.

宮島喬（1995）文化と実践の社会学へ. 宮島喬編, 文化の社会学：実践と再生産のメカニズム. 有信 堂高文社, pp.3-13.

文部科学省（2020）運動部活動に参加する学生等 の集団における新型コロナウイルス感染症対策の 徹底について（通知）. https://www.mext.go.jp/ content/000186762.pdf,（参照日2024年10月13 日）.

中村哲也（2010）学生野球憲章とはなにか：自治か ら見る日本野球史. 青弓社.

中山健二郎・松尾哲矢（2020）高校野球文化に対 する解釈枠組の揺らぎに関する実証的研究. レ ジャー・レクリエーション研究, 91：33-44.

中山健二郎・松尾哲矢（2021）高校野球にまつわる 「物語」の再生産に関するメディア・テクスト分 析：「完投型」から「継投型」への変化に着目して. 年報体育社会学, 2：59-75.

中澤篤史（2020）新型コロナウイルスと選抜高校野 球大会：運動部活動が応援され続けるために. 体 育の科学, 70（6）：398-403.

NHK NEWS WEB（2022）なぜ共感？「青春って 密」仙台育英 監督のことば. https://www3.nhk. or.jp/news/html/20220905/k10013803381000.html, （参照日2024年10月13日）.

日本財団（2021）18歳意識調査「第42回―コロナ 禍と社会参加―」詳細版. https://www.nippon-foundation.or.jp/app/uploads/2021/10/new_pr_20211027_02.pdf,（参照日2024年10月13日）.

坂上康博（2001）にっぽん野球の系譜学. 青弓社.

作田啓一（1965）高校野球の社会学. 思想の科学 第5次, 30：8-13.

佐藤郁哉（2008）質的データ分析法：原理・方法・ 実践. 新曜社.

沢田和明（1994）マニュアル教育としての甲子園. 江刺正吾・小椋博編, 高校野球の社会学：甲子園 を読む. 世界思想社, pp.113-136.

清水諭（1987）スポーツの神話作用に関する研究： 全国高校野球選手権大会テレビ中継におけるテレ ビの神話作用について. 体育・スポーツ社会学研 究, 6：215-232.

清水諭（1998）甲子園野球のアルケオロジー：ス ポーツの「物語」・メディア・身体文化. 新評論.

白石真生（2017）ハイブリディティと不平等：N・ ガルシア＝カンクリーニにおける文化と社会. ソ シオロジ, 61（2）：3-20.

白石翔・原祐一（2023）甲子園球児にとっての儀礼： 球児が高校生に戻るために. 年報体育社会学, 4： 83-95.

杉本厚夫（1994）劇場としての甲子園：高校生らし さの現実. 江刺正吾・小椋博編, 高校野球の社会 学：甲子園を読む. 世界思想社, pp.15-38.

鈴木貴大（2018）「なぜ, 野球部の練習は長いの か？」：他の運動部との比較と野球部員の部活 に対する不満から読み解く. 笹川スポーツ財 団, https://www.ssf.or.jp/thinktank/sports_life/ column/20180808.html,（参照日2024年10月13 日）.

田辺浩（1995）行為理論の革新：構造化, 行為, 反 省性. 宮島喬編, 文化の社会学：実践と再生産の メカニズム. 有信堂高文社, pp.14-39.

土屋雅子（2016）テーマティック・アナリシス法： インタビューデータ分析のためのコーディングの 基礎. ナカニシヤ出版.

氏原英明（2018）甲子園という病. 新潮社.

2024年11月5日　受付
2025年2月4日　受理

Advanced Publication by J-STAGE
Published online 2025/3/6

研究資料

部活動地域移行にみる生徒の安心・安全課題についての検討：

地域スポーツ現場で起こった性的暴行事例を参考に

高 峰 　修

Osamu Takamine : A study of safety and security issues for students in the transition of extracurricular sports activities into the local communities : Based on sexual assault cases occurred in community sports settings. Annu. Rev. Sociol. Sport. Phys. Educ.

Abstract: This paper examines whether the safety and security for students can be guaranteed in the transition of extracurricular sports activities into local communities, mainly through an analysis of two sexual assault cases occurred in local sports settings. Ethical measures adopted by various sports organizations in Japan have not generally been enough, and numerous instances of indecent acts against youth athletes by local sports coaches have occurred in the past 10 years. In addition, two cases of sexual assault occurred at local sports activity site between 2021 and 2022, and the accused local coaches were each convicted. The measures for harassment and other problems in the related sports organizations in the local area where the sexual assault occurred were also not substantial. In the trends of transition of extracurricular sports activities, it is left to each local sports clubs to take measures against such harassment, violence, and verbal abuse by local sports coaches, but this approach is not practical. A nationwide institutional design is required to guarantee the safety and security for students in the transition of extracurricular sports activities.

Key words : local sports coaches, local sports organizations, nationally standardized system
キーワード：地域スポーツ指導者，地域のスポーツ団体，全国的に標準化された制度

I．はじめに

　現在の部活動の地域移行は，2018年にスポーツ庁が「運動部活動の在り方に関する総合的なガイドライン」を策定し，また自由民主党のスポーツ立国調査会が「運動部活動の抜本改革に関する緊急提言」を公表したことから動き出した（中澤，2023，p.12）．その後の動向を概観すると，翌2019年の中央教育審議会の答申，同年の衆議院文部科学委員会と参議院文教科学委員会の付帯決議においても，部活動を学校単位から地域単位の取組みへと変えていく方

向性が示された．2020年にスポーツ庁が提示した「学校の働き方改革を踏まえた部活動改革について」では「『学校と地域が協働・融合』した部活動の具体的な実現方策とスケジュール」が明示され，2023年度以降，休日の部活動を段階的に地域に移行すると同時に休日の部活動指導を望まない教員がそれに従事しないことになった．2021年10月にはスポーツ庁に「運動部活動の地域移行に関する検討会議」が設置され，2022年5月までの半年あまりの間に開かれた8回の会議にて具体的な方策等が検討された．その結果は2022年6月に提言として示されている．さらにその提言を受けて上

明治大学政治経済学部
〒168-8555　東京都杉並区永福1-9-1
連絡先　高峰　修

School of Political Science and Economics, Meiji University
Eifuku 1-9-1, Suginami, Tokyo 168-8555
Corresponding author　otakamin@meiji.ac.jp

述の「運動部活動の在り方に関する総合的なガイドライン」と「文化部活動の在り方に関する総合的なガイドライン」が統合され，2022年12月に新たに「学校部活動及び新たな地域クラブ活動の在り方等に関する総合的なガイドライン」が策定され現在に至る.

このように急激に進む運動部活動の地域移行は現在，体育・スポーツ科学，特に社会科学系の研究領域においても最大の関心事だといっても過言ではないだろう．現に，体育・スポーツの様々な課題について幅広い分野の研究者や論者が多様な視点から論じることを特徴とする「体育の科学」（杏林書院），「体育科教育」（大修館書店），「現代スポーツ評論」（創文企画）の3誌では2023年度にいずれも，「運動部活動の地域移行」をテーマとする特集を組んでいる[注1].

部活動の地域移行に伴う課題については友添（2023a, pp.9-12）が以下の7点にまとめている：①地域での受け皿（運営団体・実施主体），②指導者および人材確保，③施設の問題，④大会のあり方，⑤会費，⑥安心安全と事故・保険，⑦地域スポーツクラブ活動の今後の位置づけ．これらに本稿のもう一つの論点であるスポーツ環境におけるセクシュアル・ハラスメントや性的暴行問題を重ね合わせると，②と⑥との関わりを想定できる．しかし友添は，少なくともこの論考においては指導者によるハラスメント，あるいは暴力・暴言の問題については言及していない．他方，別稿（友添，2023b）でも上記①〜⑦とほぼ同じ枠組みの課題について論じているが，そこでは「⑥安全な体制構築に関して」の見出しの元に「多様な条件下にある地域クラブにおける体罰，ハラスメント，セクシュアル・ハラスメント，暴言等の防止体制の構築が急がれる」（p.14）と述べている.

部活動地域移行との関わりからスポーツ環境における暴力・ハラスメントの問題に言及した先行研究としては竹村（2023）がある．竹村は日本のスポーツ指導における暴力・ハラスメント問題が深刻な社会問題として認識されてきており，しかし未だ根強く残っており，さらにこうした問題が「単に運動部活動を地域へ移行するというように，場所や空間を変えただけで

は解決し得ない課題」（p.178）だと述べている.

竹村が指摘するように，日本のスポーツ界においては指導者の暴力・暴言やハラスメント的言動が問題視され続けており，この課題が解決したとは言い難い状況にある．さらに部活動が地域に移行している現状を踏まえると，竹村が指摘するように場所や空間を変えただけでは解決しないどころか，事態はより深刻化すると思われる[注2]．スポーツ指導者が抱える倫理的な課題，特に競技者にとっての安心・安全に関する課題は，部活動の地域移行においてはこれまで以上に重要性を増し，日本のスポーツ界をあげた課題解決に向けた本格的かつ集中的な取り組みが望まれるだろう.

こうした中で最近，ある自治体の地域スポーツ活動場面において二件の性的暴行事件が立て続けに表面化した．これらの事例は上述の問題に関して多くの示唆をもたらしてくれると考えられる.

本稿では二件の性的暴行事件の考察を一つの題材とし，その他関連情報も交えながら，部活動地域移行が抱える生徒の安心・安全課題について検討する．具体的には，まずスポーツ環境におけるセクシュアル・ハラスメントや性的暴行に関する出来事やそれらに関する調査結果を概観する．他方で実際のスポーツ活動現場において起こっている性的暴行等の現状を把握するために，過去約10年間に起こった地域スポーツ活動における性的暴行等に関する報道例を示す．さらにそうした性的暴行が地域スポーツ活動の場で起こっている状況を詳細かつ具体的に把握するために，それらの中から二件の事例を取り上げ，地元新聞の報道，地元新聞記者からの情報提供，市議会議事録，関連団体作成文書を資料として，加害者の社会的立場と被害者との関係，事件が起こった地域スポーツクラブと行政との関係，事件に関連する地域スポーツ団体のガバナンスに関する取り組みについて把握する．そしてこうした事例の分析をスポーツ庁が推し進める部活動地域移行政策の動向に関連付けることで，同政策には生徒の安心・安全課題に関して取り組むべき検討課題があることを示す．最後に，そうした課題への対応において

参考になる国内外の施策を勘案しつつ，現状として取るべき施策の方向性について提案する．

II．スポーツ環境におけるセクシュアル・ハラスメント，性的暴行について

スポーツの指導者が指導対象である競技者に対して加えるセクシュアル・ハラスメントや性的暴行の問題は，日本では1990年代終わり頃から表面化しはじめた．2002年に中央競技団体としては日本ではじめて財団法人日本陸上競技連盟が「倫理に関するガイドライン」を策定し，2年後の2004年には財団法人日本体育協会（現日本スポーツ協会，以下「Jスポ」と略す）が同ガイドラインを策定した．しかしこうした動きが一気に各中央競技団体や都道府県・市町村体育協会に浸透したわけではなかった（高峰，2021）．

日本のスポーツ環境におけるセクシュアル・ハラスメント問題に焦点を当てた研究は2000年を超えた頃から散見されるようになった．それらにはいくつかの事例分析（高峰，2007a, 2010；高峰・白井，2009），質問紙調査を用いたセクシュアル・ハラスメントの経験や認識に関する量的分析（熊安，2015；熊安ほか，2009, 2011；高峰ほか，2008, 2009, 2011），海外における取り組み事例の紹介（高峰・熊安，2014, 2015a, 2016），そして国内のスポーツ統括団体向けの防止ガイドラインの作成（熊安・高峰，2015）などがある．また高峰（2007b）は初期の段階で，国内のセクシュアル・ハラスメント事例の分析に基づき，スポーツ統括組織が倫理に関する環境を整備する必要

性について述べている．このことと関わって高峰・熊安（2015b）は，国内スポーツ統括組織のこうした倫理的な問題に対する取り組みについて調査を行っている．2007年と2013年に行われた調査結果を比較すると，倫理に関する規程やガイドラインを策定している団体の割合は2007年調査で24.2％，2013年では29.0％にとどまる（図1）．その割合を団体種別でみると，2013年調査結果において中央競技団体では58.3％が策定しているが，都道府県体育協会では35.7％，市町村体育協会では16.7％であり（図2），指導現場に近いローカルな体育協会ほど，倫理に関する規程やガイドラインの整備が進んでいないことがわかる．また規程やガイドラインを策定していない理由としては，2007年から2013年にかけて「積極的意見なし」は15ポイント以上減少したが，2013年調査においては依然として20.0％に該当する団体が「必要なし」と回答している．また「余裕がない」が30.0％，「方法がわからない」が20.0％を占めたこともある実態を物語っていると言えるだろう（図3）．

規程やガイドライン以外の取り組みとして，何らかの予防対策に取り組んでいる団体は2013年調査で47.5％（図4）と比較的多いものの，処理規程を策定している団体は26.2％（図5）と4分の1に留まる．また常設の倫理委員会を設置している団体は18.0％，必要に応じて倫理委員会を設置する団体は9.8％，両者を合わせて倫理委員会を開催できる制度になっているのは27.8％と，やはり4分の1程度であった（図6）．

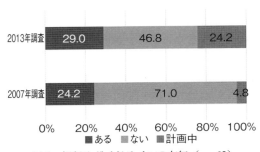

図1　規程やガイドラインの有無（n＝62）
（高峰・熊安，2015b, p.29より転載）

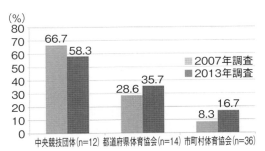

図2　団体種別でみた規程やガイドラインを持つ組織の割合
（高峰・熊安，2015b, p.29より転載）

図3 規程やガイドラインを策定しない理由
（高峰・熊安，2015b，p.31 より転載）

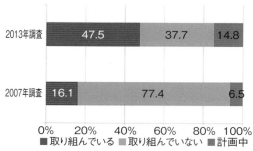

図4 予防対策の取り組み状況（n＝62）
（高峰・熊安，2015b，p.32 より転載）

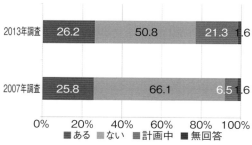

図5 処理規程などの有無（n＝62）
（高峰・熊安，2015b，p.34 より転載）

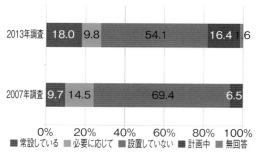

図6 倫理委員会の設置状況（n＝62）
（高峰・熊安，2015b，p.32 より転載）

Ⅲ．地域スポーツ活動における二件の性的暴行事件の概要

1．過去10年間に起こった地域スポーツ指導者による性的暴行事例

　以上のようなスポーツ統括団体の消極的な対応がどれほど影響したのかについては評価が難しいが，地域スポーツ活動における指導者から競技者に対する性的暴行事件は少なからず起こっている．上述2回目の調査が行われた2013年より後に発生した，地域スポーツの指導者が加害者，その指導を受ける子どもたちが被害者となる性暴力事例を表1に示した[注3]．加害者はいずれも，地域や民間のスポーツクラブ等の指導者であり，場合によっては外部指導員（事例No 5）やトレーナー（事例No 1）として学校運動部の指導に関わっていた．そして被害を受けた場所は学校や公共のスポーツ施設に限らず，宿泊施設（事例No 1, 4, 12, 13），駐車場に停めた車内（事例No 5, 15, 16），加害者の自宅（事例No 2）や経営する整体院（事例No 1）であったりする．また加害者と被害者は異性であることが多いが，同性間（事例No 10, 13, 17, 18）でも起こっている．これらの中から本稿では，16番目（以下「事例①」と称す）と17番目（以下「事例②」と称す）の事例について取り上げ検討する．

　愛媛県にあるA市で，2021年から2022年にかけて地域のスポーツ活動現場を舞台に二件の性的暴行事件が相次いで起こり，それらの裁判の判決が2023年2月と3月に，同市を管轄とする地方裁判所で言い渡された．以下，二件の性的暴行事件の詳細について地元新聞の報道，地元新聞記者からの情報提供，A市議会議事録，関連団体作成文書を基にまとめる．

2．事例①

　1件目は2021年5月に起きた事件であり，地域の陸上競技クラブ（以下「Bクラブ」とする）の代表を務める監督兼指導者で市職員でもある男性が，駐車場に止めた車の中でマッサージと称してクラブの教え子の身体を触るなどし

表 1 地域スポーツにおける指導者による性的暴行等の新聞報道事例

No	報道日	発生地域	加害者	被害者	被害場所	容疑	新聞社名
1	2014年5月28日	山梨	高校の陸上競技部を指導するスポーツトレーナーの53歳男性	指導を受けるスポーツ選手の女子高校生2人	加害者が経営する整体院 市内のホテル	準強姦未遂・準強制わいせつ	毎日新聞
2	2014年8月29日	兵庫	柔道クラブコーチの56歳男性	指導を受ける少女1人	加害者自宅	県青少年愛護条例違反	朝日新聞
3	2017年2月10日	新潟	スポーツインストラクターの20歳男性	指導を受ける女子小学生1人	市内のスポーツ施設	強制わいせつ	毎日新聞
4	2017年10月19日	熊本	スポーツインストラクターの52歳男性	指導を受ける女子生徒1人	県内のホテル	準強制わいせつ	毎日新聞
5	2018年9月12日	茨城	高校運動部外部指導員76歳男性	指導を受ける女子高校生1人	県内武道場や車内	強制わいせつ	毎日新聞
6	2020年1月18日	福岡	武道教室の指導者63歳男性	指導を受ける少女3人	市の施設	強制わいせつ・児童買春・児童ポルノ禁止法違反	朝日新聞
7	2020年5月9日	千葉	トレーナーの72歳男性	女子高校生1名	高校の施設内	準強制わいせつ	朝日新聞
8	2020年5月10日	愛知	スポーツトレーナーの72歳男性	指導を受ける16歳女子生徒1人	県内の高校	準強制わいせつ	毎日新聞
9	2021年6月25日	滋賀	武道教室の指導者69歳男性	武道教室に参加した女子2人	県内体育館	強制わいせつ	毎日新聞
10	2021年9月13日	大阪	市立高校野球部コーチの31歳男性	指導を受ける男子高校野球部員複数名	グラウンド近くの施設	強制わいせつ	毎日新聞
11	2021年10月29日	栃木	スポーツチーム監督の47歳男性	スポーツチームに所属する女児1人	不明	強制わいせつ・児童買春・児童ポルノ禁止法違反	毎日新聞
12	2022年6月7日	東京	eスポーツ専門家として高校でコーチを務める27歳男性	同校高校に通う女子高校生1人	都内にあるホテル	児童福祉法違反	朝日新聞
13	2022年6月22日	宮城	スポーツクラブ勤務の29歳男性	スポーツクラブに所属する10歳代少年2人	県内の宿泊施設	強制わいせつ・児童買春・児童ポルノ禁止法違反	毎日新聞
14	2022年10月21日	奈良	スイミングインストラクターの34歳男性	元教え子9人	不明	準強制わいせつ・児童買春・児童ポルノ禁止法違反	朝日新聞
15	2022年10月27日	埼玉	スポーツクラブコーチの57歳男性	指導を受ける20歳代女性	県内公園駐車場に停めた車内	強制わいせつ	埼玉新聞
⑯	2023年2月23日	愛媛	陸上クラブ監督の40歳代男性	指導を受ける子ども	県内駐車場に停めた車内	強制わいせつ	愛媛新聞
⑰	2023年3月15日	愛媛	水泳教室コーチの40歳代男性	指導を受ける14歳少年	県スポーツ施設内	準強制性交等・準強制わいせつ	愛媛新聞
18	2023年6月2日	群馬	スポーツクラブコーチの27歳男性	指導を受ける男子小学生1人	県内にあるスポーツクラブ内	強制わいせつ	讀賣新聞
19	2023年7月29日	大阪	バスケットボールコーチの70歳男性	指導を受ける女子児童3人	県内小学校体育館	強制わいせつ	朝日新聞
20	2023年10月7日	群馬	スポーツスクール指導者の46歳男性	指導を受ける女児3人	県内小学校体育館	強制わいせつ	上毛新聞
21	2023年10月11日	青森	運動施設経営の39歳男性	13歳女子中学生1人	経営していた運動施設内	不同意性交罪	毎日新聞

備考：年齢はいずれも報道時のもの。加害者の性別には氏名から筆者が判断したものもある。○数字は本稿で取り上げた事例。

たとされる．被害者は同様の被害を複数回受けたと証言している．加害者は強制わいせつの罪[注4]で起訴されたが，公判にて起訴内容を認めたため，2023年1月に市職員として懲戒免職処分を受けた．2023年2月の判決公判にて懲役2年，執行猶予4年の判決が言い渡され，その後控訴はせず，一審判決が確定している．

加害者が代表かつ監督を務めるBクラブは任意の団体[注5]であり，学校に部活動がない生徒たちが公式大会に出場する際の受け皿になっている一方で，全国レベルの活動も展開していた．またBクラブはA市のスポーツ少年団と愛媛県の陸上競技連盟に登録していた．加害者は保護者や競技関係者から指導者としての高い評価を受けていたが，威圧的な態度をとることもあり，周囲から注意することが憚られる状況だったようである．加害者自身，「指導者の地位を勘違いしていた．チーム全体が言うことを聞いてくれるので，うぬぼれていた」（愛媛新聞，2023年1月26日付）と公判で述べている．また加害者は当該競技の指導者資格を有していたと思われるが[注6]，その詳細，ならびに日本スポーツ協会や陸上競技連盟が行う研修等を受けていたかについては不明である．

3．事例②

2件目の事件の舞台は愛媛県A市の市立スポーツ施設であり，この施設の管理運営は指定管理者である会社が担っている．加害者の男性はこの指定管理会社に雇用された従業員として，同会社が展開する子ども教室（以下「Cクラブ」とする）で水泳の指導者として活動していた．子ども教室とはいえ細かいクラス分けがなされ，競技レベルが一番高いクラスでは強化選手の養成が行われている．さらに加害者は，2018年度より県会計年度任用職員として県内の高校で部活動指導員[注7]も務めていた．

加害者は2022年8月に当該市立スポーツ施設でマッサージを装い，教え子の少年に性的暴行を加えたなどとして準強制性交と準強制わいせつの罪に問われた．公判で検察からは約1年4ヵ月に渡ってわいせつ行為を繰り返したと指摘され，加害者は起訴内容を認めている．

加害者は指定管理会社を2022年11月に退職し[注8]，県部活動指導員としては2023年2月に懲戒免職処分を受けた．2023年3月の判決公判では懲役3年の実刑判決が言い渡されている．

加害者は日本選手権や国体の出場選手を育成してきており，県内有数の指導実績を持つ．やはり競技関係者からは高い評価を受けていたものの，一方では「選手との距離が近すぎる」「言動が激しすぎる」といった評価もある．またCクラブの他の教え子にもよくマッサージをしていたという証言もあり，Cクラブでは加害者によるマッサージが常態化していたようである．

この事件に関して指定管理者から市教育委員会への詳細な報告がなく，市教育委員会による事態の把握は後手にまわった．

加害者が当該競技の指導者資格を有していたか否かについては確証を得ていないが，過去に日本水泳連盟や県の水泳連盟の合宿コーチを担当した経験があることから，何らかの指導者資格は有していたと推測される．ただし日本連盟や県連盟による研修会の受講履歴については不明である．

4．二件の性的暴行事件に関わる関連団体によるガバナンスコード自己評価

周知のように2020年からはガバナンスコードに基づくスポーツ団体の審査も始まっている．今回の二件の事件が起こった愛媛県を統括するスポーツ協会の「ガバナンスコードの遵守状況について（2022年10月20日現在）」，ならびに同県の陸上競技と水泳各競技団体，さらにはA市スポーツ協会の「ガバナンスコード＜一般スポーツ団体向け＞に係るセルフチェックシート」から，本件に関連する項目の自己評価を表2と表3にまとめた．

公益社団法人愛媛県スポーツ協会のガバナンスコード自己評価（表2）においては，組織運営等に必要な規程（原則3）として2021年3月に倫理規程が策定されていることがわかるが，その対象は評議員，理事，監事，職員，加盟団体に限定されるようである．またやはり2021年3月に倫理・コンプライアンス委員会が設置（原則4）されているが，その詳細について

表2　関連スポーツ団体のガバナンスコード自己評価（その1）

団体名称	（公財）愛媛県スポーツ協会
最終更新日	2022年10月20日

［原則3］組織運営等に必要な規程を整備すべきである.

（1）NF団体及びその役職員その他構成員が適用対象となる法令を遵守するために必要な規程を整備すること	＜ア＞評議員，理事，監事及び職員については，2021年3月に制定した愛媛県スポーツ協会倫理規程第3条及び第4条に「基本的責務」「遵守事項」として法令遵守及び社会規範に反する行動を行わない旨を記載し，同第6条で違反した際の処分等について定めている. ＜イ＞加盟団体については，加盟団体規程を2022年4月1日に改正し，遵守する事項を定めている.

［原則4］コンプライアンス委員会を設置すべきである.

（1）コンプライアンス委員会を設置し運営すること	＜ア＞2021年3月に理事会の決議を得て，倫理・コンプライアンス委員会を設置した. ＜イ＞同委員会の組織及び運営に関しては，愛媛県スポーツ協会倫理規程第5条により本会の委員会規程において定めている.
（2）コンプライアンス委員会の構成員に弁護士，公認会計士，学識経験者等の有識者を配置すること	＜ア＞2021年3月に理事会の決議を得て，倫理・コンプライアンス委員会を設置した. ＜イ＞同委員会は，本会の理事3名及び監事1名並びに学識経験者として弁護士1名の計5名で構成している.

［原則5］コンプライアンス強化のための教育を実施すべきである.

（2）選手及び指導者向けのコンプライアンス教育を実施すること	＜ア＞国体派遣選手を対象に，アンチ・ドーピング研修会を開催するとともに，スポーツの意義と価値，スポーツインテグリティなど教育啓発活動を実施している. ＜イ＞指導者等に対しては，愛媛県スポーツ指導者研修会を毎年開催しており，コンプライアンス強化のための教育啓発活動を実施している. ＜ウ＞今後においても，指導者等を対象に各種講習会・研修会及び会議等において研修を行い，コンプライアンス強化及び資質向上に取り組んでいく.

［原則10］懲罰制度を構築すべきである.

（1）懲罰制度における禁止行為，処分対象者，処分の内容及び処分に至るまでの手続を定め，周知すること	＜ウ＞公認スポーツ指導者，スポーツ少年団及び国民体育大会の違反等における処分については，（公財）日本スポーツ協会の関係する規程等において定められており，（公財）日本スポーツ協会ホームページで公開されている.

公式ウェブサイトでは確認できない（2023年11月5日現在）．またコンプライアンス強化のための教育活動（原則5）としては，愛媛県のスポーツ指導者を対象とする研修会を毎年開催している旨が記されており，将来的にも継続される予定である.

一般財団法人愛媛陸上競技協会と一般社団法人愛媛県水泳連盟，A市スポーツ協会のガバナンスコード自己評価（表3）においては，暴力行為の根絶等に向けたコンプライアンス意識の徹底（原則3）に関して陸上競技連盟とA市スポーツ協会がC評価，水泳連盟がB評価

表3 関連スポーツ団体のガバナンスコード自己評価（その2）

団体名称	（一財） 愛媛陸上競技協会	（一社） 愛媛県水泳連盟	A市スポーツ協会
記載日	2023年3月24日	2023年2月20日	2023年3月30日

［原則3］暴力行為の根絶等に向けたコンプライアンス意識の徹底を図るべきである．

（2）指導者，競技者等に対し，コンプライアンス教育を実施しているか，又はコンプライアンスに関する研修等への参加を促しているか	「C」現在，指導者及び競技者等に対するコンプライアンス教育や研修は実施していない．今後は，中央競技団体が実施するコンプライアンス研修会等への参加を促す． 　これから，中学校の部活動の地域移行が進む中で，クラブでの活動が増加することが予想するため，指導者へのハラスメント等の研修を実施することを検討している．	「B」指導者，競技者など関係者に対する，定期的なコンプライアンス教育や研修は実施しておらず，今後は状況に応じて研修会などを実施していく．ただし，毎年4月の競技役員講習会や定期実施の指導員（コーチ）研修会，強化合宿中の講義にコンプライアンスなどを含めている内容がある．	「C」現在，指導者，競技者等に対するコンプライアンス教育や研修は実施していない．今後，コンプライアンス教育や研修会等を実施し参加を促す．

［原則6］高いレベルのガバナンスの確保が求められると自ら判断する場合，ガバナンスコード＜NF向け＞の個別の規定についても，その遵守状況について自己説明及び公表を行うべきである．

原則3（2）について	「C」体罰・性的等のハラスメント撲滅における研修会を実施し，発生を予防するための対策を図る． 　また，クラブにおける指導者の指導技術向上と，ハラスメント等におけるコンプライアンスの周知徹底を目指す．		
原則4について		「B」コンプライアンス委員会を設置すべきである． （1）コンプライアンス委員会を設置し運営すること． （2）コンプライアンス委員会の構成員に弁護士，公認会計士，学識経験者等の有識者を配置すること．	

をしており，いずれも指導者に対する定期的なコンプライアンス教育は実施しておらず，今後の課題として付記されている．

　また愛媛陸上競技協会は中央競技団体向けガバナンスコードの規程に関わって，「組織運営等に必要な規程（原則3（2））」として「体罰・性的等のハラスメント撲滅における研修会を実施し，発生を予防するための対策を図る」と明記した．これは上述の事例①の最終公判（2023年2月）において執行猶予付の有罪判決が言い渡されたことを反映したものだと思われる．

　一方，愛媛県水泳連盟の自己評価は時期的に

は事例②の判決が出される前に行われたものであるが，同連盟はやはり中央競技団体向けガバナンスコードの原則4に準じて，コンプライアンス委員会の設置をもって対応しようとしている．

　以上の事例からも，特に都道府県の競技団体や市町村のスポーツ協会における倫理やコンプライアンスに関する取り組みは未だ低調なことが確認できる．また倫理・コンプライアンス委員会が設置されたり規程が策定されたのであればその存在が周知されることが望ましいが，実際にはそれらの情報へのアクセスができないか，もしくは難しい状況にある．こうした状況は，例えばアンチ・ドーピングや「レースで使用するシューズのルール」に関する情報に容易にアクセスできる状況とは対照的であり，他の規程類や委員会と同レベルの情報開示が求められるだろう．

5. 二件の事例からみえてくる部活動地域移行の課題

　本稿で取り上げた二つの事例について，事件発生時の加害者の立場や身分について整理する．事例①の加害者は市の職員であるが，加害行為は監督を務める任意団体の指導者として行われた．事例②の場合はやや複雑で，加害者は市の施設の指定管理会社に雇用された従業員という立場と，県会計年度任用職員として任命された県部活動指導員という二つの立場をもつ．ただし加害行為は市の指定管理会社が管理運営を請け負う市立スポーツ施設で行われていること，被害者はCクラブに通う教え子であると推測される[注9] ことから，性的暴行行為は指定管理会社の従業員という立場を利用したものだと判断できる．そして上述のように，事例②の加害者は2022年11月に指定管理会社を退職し，その後，指定管理会社は加害者と連絡が取れなくなったと説明している．

　このように地域スポーツの指導者の社会的立場としては任意団体の関係者や一般企業の従業員，NPO等法人の職員などがあり得るが，こうした指導者全体をカバーする指導者の養成・研修制度が整っているとは言い難い．もちろん個々人の指導者が専門とする競技種目の指導者資格を取得することはあり得るし理想的ではあるが，地域スポーツの指導に携わるすべての人物に指導者資格の取得を義務づけるには至っていない．さらに事例②にみられるように何らかのトラブルを起こしたために指定管理者である企業を退職すると，企業側は雇用者として加害者に対して調査することはできなくなり，指定管理者としての行政への説明責任を果たせなくなる．

　これまでの学校部活動においても，教職員によるわいせつ行為や暴力行為は多数起こっている．しかしそれでも加害者が教職員であれば，その監督責任は市町村あるいは都道府県の教育委員会にある．部活動が地域に移行されると，指導者は原則として学校の教職員ではなくなり，任意団体や民間企業，NPO法人等の職員・従業員がスポーツ指導者として指導に携わることになる．そうした指導者の倫理に関する研修や予防策といった教育，そして実際に事案が起こってしまった場合の対象や処罰を行う責任の所在について，部活動地域移行の一連の動向においてはどのように議論され，制度化されているのだろうか．

IV. 部活動地域移行問題と生徒の安心・安全課題

　今回の部活動地域移行をめぐってはスポーツ庁内に「運動部活動の地域移行に関する検討会議（以下「検討会議」と略す）が設置され，2021年10月から2022年5月までの半年あまりの間に8回の会議が集中的に開かれ諸課題について議論された．そしてその成果は2022年6月に「運動部活動の地域移行に関する検討会議　提言〜少子化の中，将来にわたり我が国の子供たちがスポーツに継続して親しむことができる機会の確保に向けて〜」（以下「提言」と略す）として示されることになる．ここでは8回にわたる各検討会議の議事録，提言，ガイドラインにおいて，セクシュアル・ハラスメントやパワー・ハラスメント，暴力・暴言をめぐってどのような議論が展開され，どのような方針としてまとめられたかを概観する．

1. 検討会議（第 1 回）議事録（2021 年 10 月 7 日）

　Ｊスポの金沢委員が公認スポーツ指導者資格制度を紹介する流れの中で，指導者による暴力やハラスメントの問題を検討課題としてあげる（議事録 p.23，以下同様）.

2. 検討会議（第 2 回）議事録（2021 年 12 月 2 日）

　言及なし.

3. 検討会議（第 3 回）議事録（2022 年 1 月 26 日）

　地域におけるスポーツ指導者の質・量の確保方策における課題として，事務局から「生徒の安全の確保や暴言・体罰などの行為の根絶」があげられる（p.19）. 山本委員（日本バスケットボール協会）は暴力・暴言根絶に向けた予防活動が何よりも大事であり，そのためには指導者の登録制度が不可欠だと指摘する（pp.25-26）. 松村委員（日本フィットネス産業協会）は指導者養成のための具体的コンテンツとしてブカツゼミを紹介（p.33）. 山本委員はハラスメントが起こったときの対応に関して，学校部活動の場合の責任は学校や教育委員会にあったが，地域に移行した場合はどこが担うのかについて質問する（p.48）. この質問に対しては座長が継続して検討していくと回答する（p.48）.

4. 検討会議（第 4 回）議事録（2022 年 2 月 28 日）

　「大会の在り方の見直し」に関わる課題の一つとして事務局から，トーナメント式の全国大会が暴力や暴言等を生じさせているとの説明がある（p.6）. 市川委員（日本中学校体育連盟）は中学校の運動部活動の課題の一つとして体罰問題をあげ，それらの解決に必要な抜本的改革を進めるための連盟内の取り組みを紹介する（p.15）. 全日本中学校長会の齊藤委員は中学校における部活動を管理監督する立場から，現場としても体罰等の問題に対して意識を変えつつあると説明する（p.22）. 山本委員は第 3 回会議における質問に言及し，暴力・暴言，ハラスメント等の問題が起こった場合の責任の所在について確認

を求める. この質問に対しては事務局から「基本的には，何かトラブルが起きれば，当然第一義的には組織——すなわち，地域のスポーツ団体や地域のスポーツチームが責任を負うことになると思っております. 一般論として，当事者から行政に対して相談があれば，それに対して行政が対応することも，あり得ると思います」（pp.44-45）との回答がある. 山本委員からはＪスポや各都道府県の競技団体に対応が求められることへの懸念が示され，座長からは，基本的には団体自治主義が大原則であるが，再度事務局と検討するとの回答が示される（pp.44-45）. さらに日本陸上競技連盟の石井委員から，ハラスメント等の問題への対応を各競技団体に求めるのは現実的ではなく「広い意味での安全をきちんと確保する」ための体制づくりを検討してほしいとの要望が寄せられ，座長からはやはり事務局と再検討するとの回答がある（p.46）.

5. 検討会議（第 5 回）議事録（2022 年 3 月 29 日）

　言及なし.

6. 検討会議（第 6 回）議事録（2022 年 4 月 26 日）

　この日の会議では最終的な提言（案）が示されたが，それをめぐる質疑において日本スポーツ少年団の遠藤委員からは「指導者の質の保障」に関わって，指導者に問題行動がみられた場合に各競技団体が公平・公正に対処できる取り組みを「積極的に推進」から「必須条件」に強めるよう提案がある（p.16）. 日本大学の末冨委員は暴力や暴言，ハラスメント等の根絶に関わって，「生徒の権利・利益」の保護について，さらにそれを実現する仕組みについて提言に明記するよう提案している（pp.17-18）.

7. 検討会議（第 7 回）議事録（2022 年 5 月 19 日）

　言及なし.

8. 検討会議（第 8 回）議事録（2022 年 5 月 31 日）

　言及なし.

9. 検討会議提言（2022 年 6 月 6 日）とス

ポーツ庁ガイドライン（2022年12月）

　以上8回にわたる検討会議で議論した結果は，2022年6月6日に提言として示された．それを受けてスポーツ庁は2022年12月に「学校部活動及び新たな地域クラブ活動の在り方等に関する総合的なガイドライン」（以下「ガイドライン」と略す）を策定した．提言において示された暴力・暴言，ハラスメント等の問題についての方向性は基本的にガイドラインにも引き継がれているので，ここではガイドラインに着目することにする．

　このガイドラインは4つの章から構成されるが，「第Ⅱ章　新たな地域クラブ活動」の「2節　適切な運営や効率的・効果的な活動の推進」「(3)指導者」の「①指導者の質の確保」には以下のような記述がある．

> イ　JSPOは，より多くの指導者が自ら公認スポーツ指導者資格取得を目指すような制度設計に取り組む．その際，指導技術の担保や生徒の安全・健康面の配慮など，生徒への適切な指導力等の質のみならず，暴言・暴力，行き過ぎた指導，ハラスメント等の行為も根絶する．

> オ　スポーツ団体等は，指導者に暴力等の問題となる行動が見られた場合への対応について，自ら設ける相談窓口のほか，JSPO等の統括団体が設ける相談窓口を活用し，公平・公正に対処する．都道府県や市区町村などスポーツ団体とは別の第三者が相談を受け付け，各競技団体等と連携しながら対応する仕組みも必要に応じて検討する．

　イでは暴力・暴言，行き過ぎた指導，ハラスメント等の行為を根絶する主体としてはJスポが想定されている．オではこうした問題に対処する主体として「スポーツ団体等」が主語として位置づけられた．また相談を受け付ける主体が「都道府県や市区町村などスポーツ団体とは別の第三者」，つまり都道府県や市区町村などであることもわかる．しかし「対応する仕組みも必要に応じて検討する」主体も第三者なのか，不明瞭さが残る．

　もう一点，「②適切な指導の実施」においては以下のような記述がある．

> ア　地域クラブ活動の運営団体・実施主体は，Ⅰ2(1)に準じ，参加者の心身の健康管理，事故防止を徹底し，体罰・ハラスメントを根絶する．都道府県及び市区町村は，適宜，指導助言を行う．

　ここでは体罰やハラスメントを根絶する主体として明確に「地域クラブ活動の運営団体・実施主体」が位置づけられたことを確認できる．また適宜指導助言を行う主体として都道府県や市区町村が想定されている．

　以上確認してきたように，8回にわたる検討会議では，学校において教員によって指導が行われていた部活動が地域で展開されることによって，様々な問題が生じた場合の責任の所在と対応の主体がそれまでの学校や教育委員会から一体どこに移されるのかについて一部の委員が繰り返し懸念を示してきた．そうした作業の集大成となる提言やガイドラインにおいては，指導者制度の設計の主体としてはJスポが，体罰やハラスメント等の不適切な指導を根絶する主体としては地域クラブ活動の運営団体・実施主体が，指導者の問題行動の対応の主体としては「スポーツ団体等」「都道府県」「市区町村」が位置づけられた．しかし例えばガイドラインの「ア　地域クラブ活動の運営団体・実施主体は，（略）体罰・ハラスメントを根絶する」や「オ　スポーツ団体等は，自ら設ける相談窓口（略）を活用し，公平・公正に対処する」といった記述に見られるように，それぞれの課題を解決するための具体策まで織り込むことはできていない．積極的に評価すれば多様性に富む各地域の「スポーツ団体等」や「地域クラブ活動の運営団体・実施主体」の自立性，主体性に委ねられたということもできるが，2節で紹介した調査結果[注10]，また3節で検討した二件の性的暴行事例に関わるスポーツ統括団体のガバナンスコードの自己評価から読み取れるように，スポーツ界における倫理に関する取り組みは極めて消極的である．そうした認識

に立つと，性的暴行をはじめとするハラスメントや暴力・暴言も含めた不適切な指導に対する対策に関しては，提言やガイドラインにおける方針には物足りなさを感じる．さらに中体連加盟者数約199万人，高体連加盟者数約112万人が将来的には地域でクラブ活動を展開するという規模を勘案すると，物足りなさは危機感に膨らむ．

V．刑法の改正

ところで，一般社会においては性犯罪に関する刑法の改正が進んでいる．実に110年ぶりとなった2017年の改正では，強姦罪から強制性交等罪への変更（被害の対象が女性だけに限定されなくなった），非親告罪化，厳罰化といった変更と共に監護者規定も設けられた．これによって親などの監護者が処罰の対象に含められたが，この時点では学校の教員は対象外であった．この穴を埋めるために，2021年6月に「教育職員等による児童生徒性暴力等の防止等に関する法律」が公布され，教職員による児童生徒性暴力等を未然に防ぐための取り組みや性暴力等の事実があると思われるときの対応などについて法的に示された．刑法の性犯罪に関する条項はその後，2023年にも改正された．その最大の焦点は罪が成立する条件が「強制」から「不同意」に変更されたことであろうが，本稿の文脈として注目されるのは所謂「性的グルーミング罪」である．刑法第182条においては，わいせつの目的で16歳未満の者に対し，脅したり欺いたり，あるいは誘惑して面会をしたり面会を求めたりする行為が禁じられた．この"グルーミング"という語は，コーチとアスリート間の強固な権力関係を背景に生じるスポーツ界の性的虐待について検討する論文の中ですでに1990年代にBrackenridge（1997）が用いており，日本には熊安（2003）によって紹介されている．このことが示すように，スポーツ界では過去20年以上に渡ってグルーミングを含めた性的暴行の発生の背景や予防対策等について検討されてきたが，上述の教職員を対象とした防止法のような法的な枠組みは日本

のスポーツ指導者を対象としては整っておらず，スポーツ界の性的暴行等の防止等についてはスポーツ界の自主的な取り組みに任されているのが現状である．

VI．運動部活動の地域移行に伴う生徒の安心・安全の保障に向けて

こうした刑法改正の動向と軌を一にするように，日本政府は日本版DBS制度の創設を閣議決定した．DBSとはDisclosure and Barring Serviceの略であり，性犯罪歴を持つ人物の情報をデータベースで管理し，子どもと接する職業に就く際に事業者がデータベースに照会して性犯罪歴の有無を確認するシステムのことである．現時点では学校や幼稚園，保育所，児童養護施設等が事業者として想定されているが，学習塾やスポーツクラブ等によるシステム照会は任意であり，本システムへの照会など一定の条件を満たせば認定事業者となる．上述のように現状では地域のスポーツクラブ等によるこのシステムの利用は任意であるが，クラブが自主的に利用し認定事業者になることは可能である．部活動の地域移行によって，上記のような教職員に対する法規制がかからない地域住民が指導者として生徒と関わるようになる現状においては，地域スポーツクラブ等がこの日本版DBSシステムを積極的に利用する，あるいはシステム利用を義務化する制度を整えることが一つの有効な対処策となるであろう．

こうした制度から思い浮かぶ例として，カナダのスポーツ界におけるRespect in Sportがある．Respect in Sportはジュニア期に性的虐待被害を受けた男性ホッケープレーヤーが立ち上げた，フェアで安全なスポーツ環境をつくるためのオンライン教育プログラムである（Respect in Sport, online）．民間団体として開発・作成したプログラムであるが，カナダのホッケーの統括団体であるホッケー・カナダは全指導者にこのプログラムの受講を義務づけている．また州によってはホッケー以外の競技でもこのプログラムを採用している．Respect in Sportの知名度は徐々に高まり，子どもの指導者たちがこのプログラムを受けているかを保護

者が気にするようになると，スポーツ団体としてもこのプログラムを採用する必要に迫られるようになったという（高峰・熊安，2016）．

スポーツクラブによる日本版DBSの利用が任意であったとしても，性犯罪歴の照会に留まらず，例えば暴力・暴言も含んだ各種ハラスメントの予防に向けた教育プログラムや被害が起こってしまった際の対応策などのツールも含めてパッケージ化し，プログラムを採用したスポーツ指導者や団体を認証する．認証を受けたスポーツ指導者や団体には，例えばロゴを作成してその掲示を認める．こうしたアイデアの重要性は，これまで学校の内部にあった運動部活動が地域へと移行しようとしている現在，ますます高まっていると言えよう．

そしてこうしたアイデアの実現には，全国のスポーツ指導者や統括団体，そして地域の受け皿として想定される総合型地域スポーツクラブやスポーツ少年団等をカバーする全国的なプラットフォームあるいはネットワークが必要になるだろう．その構想の基となるアイデアもすでに提案されている．国際的な人権NGOであるHuman Rights Watchは2021年10月12日に，国内5つのNGOとの連名で，スポーツ庁長官と東京オリンピック・パラリンピック競技大会組織委員会会長宛に，スポーツにおける虐待に対処するための独立専門行政機関（仮称セーフスポーツ・センター）を設立すべきという書簡を送付した（Human Rights Watch, online）．こうした類いの制度はカナダやアメリカ，イギリスなどのスポーツ先進国で導入されているが，そのことはスポーツ界から倫理的な問題を排除し，アスリートの安全を保障するためには全国的な機関や団体による取り組みが必要であることを示唆しているように思われる．

本稿で確認してきた部活動の地域移行におけるこうした問題に対する取り組みにおいては，ハラスメントや暴力・暴言等の根絶を地域クラブ活動の運営団体・実施主体に，また相談窓口の設置やそこでの公平・公正な対処をスポーツ団体等に求めていた．しかし例えば部活動の地域移行において重要な役割を期待されている市町村スポーツ協会の経営資源が極めて脆弱な状況[注11]を鑑みると，こうした問題の取り組みを地域の受け皿となる各種スポーツ団体に求めるのは現実的ではないだろう．また税制上の理由などからNPOやNGOの活動に資金が集まりにくい日本においては，カナダのRespect in Sportのように民間団体がイニシアチブをとって全国的な活動を展開することもやはり難しいだろう．

このように考えると，現在進行している部活動の地域移行において生徒の安心・安全を保障するためには，全国的な標準化された制度の設計が必要になる．言い換えれば，このような取り組みなしには，地域でスポーツ活動を行う生徒の安心・安全は保障できないだろう．

VII. まとめと課題

本稿では，まずスポーツ環境におけるセクシュアル・ハラスメントや性的暴行に関する出来事やそれらに関する調査結果を概観した．日本のスポーツ環境で起こったセクシュアル・ハラスメントや性暴力事件は1990年代の終わり頃から表面化し始め，2000年を超える頃からいくつかのスポーツ統括団体によって規程が策定され始めた．それを追うように，スポーツ環境のセクシュアル・ハラスメントに焦点を当てた事例分析や質問紙調査を用いた量的分析，海外事例の紹介などが行われるようになり，国内のスポーツ統括団体向けの防止ガイドラインも作成された．しかし過去約10年間に限っても地域スポーツ活動における性的暴行等の事件は少なからず起こっていた．さらに地域スポーツ活動の場で起こった二件の性的暴行事件について各種資料に基づいて分析した結果，地域で展開される青少年のスポーツ活動において指導者の監督責任をもつ任意団体や民間企業による指導者の養成・研修制度が整っているとは言い難い状況にあった．さらに事件に関わりをもつ都道府県・市町村のスポーツ統括団体における倫理やコンプライアンスに関する取り組みも低調であった．これらの結果から，このまま特段の対策もなく部活動の地域移行を進めれば，スポーツ指導者によるセクシュアル・ハラスメント

や性暴力の問題は深刻化することが予測される.

　他方，スポーツ庁内に設置された検討会議では，何人かの委員が「指導者の質の保障」「指導者による暴力や暴言，ハラスメント等の根絶」「生徒の権利・利益の保護」を実現する仕組みについて提言に明記するよう提案した．それらの作業の結果として示されたスポーツ庁のガイドラインでは，指導者制度の設計の主体としてはJスポが，体罰やハラスメント等の不適切な指導を根絶する主体としては地域クラブ活動の運営団体・実施主体が，指導者の問題行動の対応の主体としては「スポーツ団体等」「都道府県」「市区町村」が位置づけられた．しかしいずれも，それぞれの課題を解決するための具体策までは明示されておらず，性的暴行をはじめとするハラスメントや暴力・暴言も含めた不適切な指導を予防するためのより現実的で有効な施策を講じる必要がある.

　こうした課題と関連を持つと思われる国内外の施策を勘案したところ，現状では部活動を受け入れる地域スポーツクラブ等を日本版DBSシステムの対象に位置づける策が採りうる一つの対処法である．さらに海外のスポーツ先進国の動向を鑑みれば，すでに進行している部活動の地域移行に遅れを取らないように，生徒の安心・安全を保障するための全国的な標準化された制度設計が必要である.

　今後の課題としては以下の2点をあげたい．一つ目はすでに導入が決まった日本版DBS制度にはデメリットや限界も指摘されている．それらをスポーツ現場に当てはめた検討が求められる．二つ目は「全国的な標準化された制度」の姿の具体化である．海外の事例を参考にしつつも日本のスポーツ環境に適応しうる案を検討し，さらには現実の政策に反映させるための方法論やアドボカシー活動についても学ぶ必要があるだろう.

注

注1）「体育の科学」（第73巻第4号）「特集：運動部活動の地域移行」に8本，「体育科教育」（第71巻第11号）「特集：新しいブカツへの招待　地域移行のメリットと課題，今後の展望」に10本，「現代スポーツ評論」（48）「特集：<部活>の動地域移行を考える」に9本の論考が掲載されている.

注2）このような問題意識のもとに上記3誌の特集における各論考を見ると，『現代スポーツ評論』48巻の「座談会　部活はどこへ行くのか―地域移行政策の可能性と課題―」（pp.18-36）において暴力やパワハラに言及しているが，部活動の地域移行の文脈においてではない.

注3）朝日，毎日，読売各新聞社のデータベースを使い，2014年1月1日から2023年10月31日を対象期間として「地域」「スポーツ」「武道」「柔道」「剣道」「わいせつ」を検索語とする検索を行って確認した事例を表1に示した．さらにこの作業によって入手した記事の情報を使って地方紙等をたどり確認した事例も加えてある．なお従来の運動部活動内で発生したハラスメント事例や，地域のスポーツ指導者が一般市民や患者などを対象に行ったハラスメント事例は含まない.

注4）本文中でも言及しているように，2017年と2023年の刑法改正により従来の強制わいせつ罪に変わって不同意わいせつ罪が創設されたが，本稿においては報道における表現を用いている.

注5）法人としての登録を確認できないことからの判断による.

注6）地元新聞の記者からのメールでの情報提供による（2023年8月3日付）.

注7）同県の教育委員会によると，2018年度から部活動指導員制度を始め，5人を任命したが，この事件の加害者はその一人であった．2022年度現在の部活動指導員は57人である.

注8）愛媛新聞2023年1月17日報道による．ただし，2022年11月30日付で市から懲戒解雇処分を受けたとの情報もある.

注9）裁判においては，被害者のプライバシー保護を理由として加害者の個人情報も非公開とされている.

注10）2節で取り上げた2回目の調査から10年が経ち，スポーツ統括団体のみならず総合型地域スポーツクラブやスポーツ少年団にも対象を広げたスポーツ団体における倫理に関する最近の取り組み状況については改めて調査を行う必要があるだろう.

注11）例えば全国の市町村体育協会のうち正規の職員数が0人の協会が32.5％を占め，また予算規模が1千万円未満の協会が7割以上を占める（笹川スポーツ財団，2011）.

文　献

Brackenridge, C.（1997）'He owned me basically...' Women's Experience of Sexual Abuse in Sport. International Review for the Sociology of Sport,

32（2）：115-130.

Human Rights Watch（2021）日本：セーフスポーツ・センター設立を：スポーツをするすべての人を守ること　東京 2020 大会のレガシーに．https://www.hrw.org/ja/news/2021/10/12/380065，（参照日 2023 年 11 月 5 日）．

熊安貴美江（2003）論文紹介（セリア・ブラッケンリッジ「私は彼の所有物だった……スポーツにおける性的虐待に関する女性たちの経験―」）．スポーツとジェンダー研究，1：75.

熊安貴美江（2015）スポーツにおける暴力 / セクシュアル・ハラスメント：見えにくいハラスメントの現状と課題．大阪府立大学女性学研究センター第 17 期女性学講演会　女性学・ジェンダー研究の現在．pp.127-153.

熊安貴美江・飯田貴子・井谷惠子・太田あや子・高峰修・吉川康夫（2009）「スポーツ指導者と競技者のセクシュアル・ハラスメントに関する認識と経験の現状と特徴」スポーツにおける倫理調査グループ「平成 18 ～ 20 年度日本学術振興会科学研究費補助金（基盤研究（C）18510233）研究成果報告書」

熊安貴美江・飯田貴子・井谷惠子・太田あや子・高峰修・吉川康夫（2011）スポーツ環境における指導者と選手の適切な行為：セクシュアル・ハラスメントに関する男性指導者と女性選手の認識と経験．スポーツとジェンダー研究，9：20-32.

熊安貴美江・高峰修（2015）分科会報告　スポーツ組織におけるセクシュアル・ハラスメント防止ガイドラインの作成．スポーツとジェンダー研究，13：183-192.

中澤篤史（2023）＜部活＞の地域移行を考えるために．現代スポーツ評論，48：8-17.

Respect in Sport（online）https://www.respectgroupinc.com/respect-in-sport/#parent-program，（accessed 2023-11-05）．

笹川スポーツ財団（2011）スポーツ政策調査研究報告書．

高峰修（2007a）スポーツ環境におけるセクシュアル・ハラスメント事例の研究（1）―熊本国体クレー射撃協会事件を例として―．明治大学教養論集，424：93-109.

高峰修（2007b）スポーツ統括組織における倫理に関する環境整備の必要性―セクシュアル・ハラスメント事件を事例として―．スポーツ産業学研究，17（2）：57-64.

高峰修（2010）スポーツ環境におけるセクシュアル・ハラスメント事例の研究（3）―高校野球部全裸ランニング事件にみるホモソーシャリティ―．明治大学教養論集，455：27-41.

高峰修（2021）日本のスポーツ環境におけるハラスメントをめぐる 20 年．女性としごと，55：42-45.

高峰修・飯田貴子・井谷惠子・太田あや子・熊安貴美江・吉川康夫（2008）男子大学生によるスポーツ環境内外のセクシュアル・ハラスメント認識の特徴―スポーツクラブの種別と競技レベル別の比較を通じて―．明治大学教養論集，428：175-205.

高峰修・飯田貴子・井谷惠子・太田あや子・熊安貴美江・吉川康夫（2009）女子大学生がスポーツ環境において経験するセクシュアル・ハラスメントの特性と構造―体育会とスポーツ系サークルの比較―．スポーツとジェンダー研究，7：16-28.

高峰修・飯田貴子・井谷惠子・太田あや子・熊安貴美江・吉川康夫（2011）日本のスポーツ環境における大学生のセクシュアル・ハラスメント認識に及ぼす要因の影響：性別に着目して．スポーツとジェンダー研究，9：33-41.

高峰修・熊安貴美江（2014）海外におけるスポーツ環境の倫理的問題への取組に関する研究（1）―オーストラリアを事例として―．明治大学教養論集，502：117-134.

高峰修・熊安貴美江（2015a）海外におけるスポーツ環境の倫理的問題への取組に関する研究（2）―韓国を事例として―．明治大学教養論集，504：85-108.

高峰修・熊安貴美江（2015b）スポーツ統括組織における倫理的問題に関する取り組みの現状．明治大学教養論集，509：17-40.

高峰修・熊安貴美江（2016）海外におけるスポーツ環境の倫理的問題への取組に関する研究（3）―カナダを事例として―．明治大学教養論集，512：183-214.

高峰修・白井久明（2009）スポーツ環境におけるセクシュアル・ハラスメント事例の研究（2）―高校陸上部元監督わいせつ事件を例として―．明治大学教養論集，440：15-33.

竹村瑞穂（2023）地域スポーツクラブ＜運動部＞活動に求められるスポーツ・インテグリティ．友添秀則編著，運動部活動から地域スポーツ活動へ．大修館書店，pp.176-187.

友添秀則（2023a）運動部活動とこれから求められる地域スポーツクラブ＜運動部＞活動．友添秀則編著，運動部活動から地域スポーツ活動へ．大修館書店，pp.2-15.

友添秀則（2023b）運動部活動の地域移行を問う．体育科教育，71（11）：11-15.

2023 年 11 月 26 日　受付
2024 年 5 月 13 日　受理

Advanced Publication by J-STAGE
Published online 2024/8/27

書評

スポーツ原論
―スポーツとは何かへの回答

関　朋昭　ナカニシヤ出版　2023年3月

釜崎　太

「eスポーツはスポーツか？」（スポーツを題材にしたテレビゲームはスポーツの範疇に入るのか？）．この問いは，国際スポーツ哲学会のトピックのひとつとなっている．

　言葉の定義は哲学の重要な課題であり，「スポーツとは何か」も幾度となくスポーツ哲学の領域において議論されてきた．いま，改めて国際的なレベルでその定義が問われているのは，電子メディアとグローバル資本主義がスポーツを大きく変えつつあると同時に，それらの巨大な影響力のもとに，FIFAやIOCといった国際的なスポーツ組織がeスポーツの大会を公認しようとしているからである．ここでは，そうした現代的なテーマと，本誌編集委員会から書評を依頼された関朋昭の『スポーツ原論』との関連づけを試みることで，その書評に代えたい．

　このような迂回路の選択は，私が『スポーツ原論』の評者としての資格に欠けるからである．『スポーツ原論』の中心的な主張は，関の吹奏楽コンクールでの体験に基づく，スポーツの数学的定義にある．しかし，私には音楽と数学の素養がまったくない．そのため，以下では―おそらく本誌編集委員会が私に期待しているであろう―スポーツ哲学とスポーツ社会学というふたつの領域の研究者としての立場から現代的なテーマへと議論の輪郭を広げよう．

　スポーツ哲学者のジム・パリーは『Sport, Ethics and Philosophy』（2022年）と『Journal of the Philosophy of Sport』（2023年）に掲載されたふたつの論文において，「eスポーツはスポーツか？」という問いに答えている．彼の論文は，普遍的なスポーツの定義を放棄し，問題の範囲をオリンピック競技に限定したものではあるが，「eスポーツはスポーツか？」という問いへの結論を先取りすれば，彼の答えは「ノー」である．

　パリーはIOCが定義する「ヴァーチャル・スポーツ」を「物理的ヴァーチャル・スポーツ」と「非物理的ヴァーチャル・スポーツ（以下「eスポーツ」）」に区分している．選手たちがマシーンを使用して身体能力を競う前者においては，ヴァーチャル技術ではなく，これまでにもスポーツに応用されてきたシミュレーション技術が使用されており，従来までのスポーツと何ら変わるところはなく，「ヴァーチャル・スポーツ」と呼ぶことすら不適切な，単なる「スポーツ」であると言う．逆に，FIFA 21に代表されるような後者の「eスポーツ」は，IOCが「観るスポーツ」と定義しているにもかかわらず，映像の中心にプレーヤーの身体（コントローラーを動かしている指など）はなく，人間の身体の競争を観る対象にしたものではない．それゆえ，スポーツを題材にした映画が「スポーツ」ではなく「映画」であるのと同じように，eスポーツはスポーツを題材にした「テレビゲーム」であると言う．このパリーの論文は，人間の身体性を条件とするスポーツの定義そのものよりも，IOCによる定義のバイ

明治大学
〒168-8555　東京都杉並区永福1-9-1
連絡先　釜崎　太

Meiji University
1-9-1 Eifuku, Suginami, Tokyo 168-8555
Author　Futoshi KAMASAKI

アスを炙り出している点にその重要性がある. 例えば,「テレビゲーム」を「eスポーツ」と再定義することで, eスポーツの意義（障がい者も参加できるようになるとか, 収益が増えるなど）を強調できるといった「価値」の判断が言葉の定義に入り込むことへの批判である.

このようなバイアスを徹底的に排除しようとするとき, 関が強調するような数学的な定義にたどりつくのだろう. その成否の判断は読者にゆだねたいが, 関は日本におけるスポーツ哲学の議論を整理しながら, 定義の類型を「辞書的定義」「取り決め的定義」「数学的定義」にカテゴライズし,「完結性」「競争性」「規則性」「自主性」「完備情報性」という, パリーとは異なる条件によってスポーツを定義したうえで, 佐藤臣彦の体育の定義「PE＝f（a', b', c'│P'）」（PE＝体育, a'＝作用項, b'＝被作用項, c'＝媒体項, P'＝目的・目標, │＝条件）にならいながら,「R＝S（p）」（R＝結果, S＝スポーツ関数, p＝パフォーマンス）というスポーツの定理（関自身の表現）を提示する.

このような哲学的な考察とは別に, スポーツ社会学の問題にとって示唆的なのが,「クラブ」の語源に関する指摘であろう. 関によれば,「部活動」という言葉の始原にはイギリスの「クラブ」の概念があり, その原初形態は人々が政治について語る場所であった「コーヒーハウス」にあると言う.

イギリスのコーヒーハウスは, 民主主義の確立のために, 社会哲学者のユルゲン・ハーバーマスが求めた「批判的公共圏」の母体である. 批判的公共圏とは, 政治・メディア・市場を批判的に議論する世論形成の場であり, それらを受動的に受け止めるだけの「受容的公共圏」と鋭い対照をなしている. スポーツにとっての批判的公共圏の重要性は菊幸一らが指摘してきたとおりであるが, 1990年にハーバーマスがドイツにおける批判的公共圏の形成を示唆し, その母体のひとつにスポーツクラブをあげたように, ドイツにおいてはスポーツクラブを批判的な議論の場とする新しい市民社会が形成されてきた. その経緯についても三島憲一や髙部厳輝

らによって伝えられているが, 現代においては, 電子メディアとグローバル資本主義の巨大な影響力が「公共圏」論にも捉え直しを迫っている. ドイツの市民社会にせよ, 現代のスポーツにせよ, ひとつの公共圏を超えてグローバル化した電子メディアや資本主義の世界的なネットワークからは逃れようがないからである.

関は,「これからのスポーツへの期待」という見出しのもとに, 次のように記している.「『スポーツとは何か』という問いに対しては, スポーツは数学的構造をもち,『スポーツ関数：R＝S（p）』を内包する, という回答になる. そしてこのスポーツ原論から次の議論へのステップは,（中略）『スポーツを利潤目的の道具にしてはダメなのか』『スポーツは世界平和の象徴となるのか』など, 倫理観, 道徳観, 価値観などを考えることになろう」（p.105）.

繰り返すが, 私にはスポーツ関数を評論する力はない. ただ,「スポーツとは何かへの回答」―その成否は読者の判断にゆだねるほかないとしても―が示されたいま,「次のステップ」への展開, すなわち「これからのスポーツ」論に期待したい.

参考文献

Habermas, J.（1990）[1962] Strukturwandel der Öffentlichkeit. Untersuchungen zu einer Kategorie der bürgerlichen Gesellschaft. Suhrkamp. Frankfurt am Main.（ハーバーマス：細谷貞雄・山田正行訳（1994）公共性の構造転換. 市民社会の一カテゴリーについての探究. 未來社.）

菊幸一（2000）地域スポーツクラブ論：「公共性」の脱構築に向けて. 近藤英男ほか編, 新世紀スポーツ文化論 体育学論叢IV. タイムス. pp.86-104.

三島憲一（2001）公共性の三度の構造転換. 哲学, 52：18-35.

Parry, J.（2019）E-Sports are Not Sports. Sport, Ethics & Philosophy, 13（1）：3-18.

Parry, J.（2022）On the Definition of Sport. Sport, Ethics and Philosophy, Published online. 49-57. https://doi.org/10.1080/17511321.2022.2077814,（accessed 2025-02-05）.

Parry, J./Giesbrecht, J.（2023）Esports, real sports and the Olympic Virtual Series. Journal of the philosophy of Sport, 50（2）：208-228.

髙部厳輝・釜崎太（2023）ドイツのスポーツに見る公共性の構造転換：批判と受容の相克. 体育・スポーツ哲学研究, 45（2）：97-110.

書評

フランス柔道とは何か
―教育・学校・スポーツ
星野　映・中嶋哲也・
磯　直樹編　青弓社　2022年

三宅　仁

　本書は日本とフランスの柔道について，それぞれの置かれた立場から柔道教育の実情を比較し検討している．また，フランス柔道の歴史的・社会的な背景の詳細な検討も行っている．特に第1部「フランス柔道の現在」のフランス柔道を取り巻く現状と，第2部「フランス柔道の教育システムの成立」では，これまであまり明らかにされてこなかったフランス柔道について，幾度のフィールドワークによる調査と分析によって，その確立された様々なシステムを紹介している大作である．

　本書の特徴は，フランスの柔道教育についての詳細な記述と分析にある．そのことを踏まえ，今後の日本柔道がどのように進むべきかという問題意識を持つに至ることであろう．詳細については，各部での記述に譲るが，これまでの競技柔道に重きを置いてきた日本柔道への警鐘を鳴らす貴重な書である．

第1部：フランス柔道の現在

　第1部では，フランスの柔道人口について言及している．2010年代の日本の柔道人口は20万人未満であったが，フランスでは50万人台であり，日本の2倍以上の柔道人口がフランスでは存在している．フランスの人口を日本の人口の約半分と考えるとその割合の高さには驚かされ，またフランスにおいて柔道は5番目に登録人口が多い種目であると紹介している．

　また，フランスの柔道人口の特徴は，その大半が小学生年代であり，中学生に上がる年代になると柔道を辞めてしまうことにある．部活動で柔道を始める中学・高校生年代で登録人口が増えるという日本の状況とは大きな違いがみられる．その理由については，フランスと日本の教育システムの違い，つまりフランスには部活動というものが基本的にはないことがあるとしている．

　しかし，なぜフランスでは小学生年代の柔道人口が多いのか．本書ではその大きな理由として3点を挙げている．一つ目は親が子どもにやらせたがること，二つ目は組織が整備されていて，連盟が柔道人口の増加に努めていること，三つ目は職業として柔道指導者の地位が確立していて，柔道指導者がそれで生活できることと報告している．

　小さい子どもたちがスポーツを選択する際には，保護者の意向が大きく反映されることはフランスも日本も同じであるが，フランスでは柔道に教育的な効果を期待しているとしている．つまり，フランスでは，柔道に対して教育的な効果や魅力を感じていることが柔道人口の多さにつながっている大きな理由とまとめている．

　さらに，フランスでは，白帯と黒帯の間に8種類ものカラフルな色帯を設定していて，子どもたちの柔道に取り組むモチベーションの一つ

平成国際大学
〒347-8504　埼玉県加須市水深大立野2000
連絡先　三宅　仁

Heisei International University
2000 Odateno Mizubuka, Kazo-city Saitama 347-8504, Japan
Author Hitoshi MIYAKE

として提示している．その色帯ごとに習熟すべき技と習得すべき語彙・知識を明示して，少しずつステップアップして黒帯の取得を目指すプロセスが用意されていることもフランス小学生年代の登録人口が多い理由であろう．

第2部：フランス柔道の教育システムの成立

　第2部では，フランス柔道の歴史とフランス柔道における教育を中心にまとめられている．特に興味深いのが，フランス柔道が如何に教育との関係を深めていったのかという点である．フランス柔道連盟は，1964年の東京オリンピック以降，大衆化と高度化を目指していたが，大衆化の部分においては柔道の指導法の中に「コード・モラル」を設定したことでフランス柔道のブランドイメージを向上させている．

　また，フランス柔道連盟は，教育的スポーツとしての柔道をさらに広めるために，1990年代からメディア戦略にも力を入れ，柔道を宣伝するテレビコマーシャルをプライムタイムに流すようになったとしている．その結果，1996年にはフランス柔道連盟の登録者が50万人を突破し，現在もその数を維持していることはフランス柔道連盟の活動の成果であろう．

　さらに柔道と教育との融合により，柔道の登録人口を増加させたフランス柔道連盟の取り組みは，一つの成功事例として日本の柔道の改革に参考となるのではないか．教育者としての嘉納の理念を見事に昇華させ，広くフランス国民に周知した取り組みを嘉納はどうみているのだろうか．

第3部：フランス柔道の教育観―日本柔道との比較を通じて―

　第3部では，日本における教科体育としての柔道と運動部活動としての柔道について言及している．日本のスポーツでは，教科体育と運動部活動はあくまでも学校の教育活動であるとしているが，実際には教科体育は各種スポーツの紹介と普及の場として，また運動部活動は選手育成の基盤としての場としての役割を担っている．この矛盾を本書は指摘し，体育にとってスポーツをすることはあくまでも教育目的を達成するための手段であり，プレーそのものや競って勝つことは究極の目的ではないとしている．

　教科体育における柔道，そして部活動における柔道でもその役割は上述と同様であり，フランス柔道の教育観とは大きな違いがみられる．これまでのように競技柔道のダイジェスト版のような授業内容ではなく，体育としての柔道教育が求められると指摘している．これからの教科体育としての柔道には，体育教材としての柔道にどのような教育的意義を提示できるかが重要であると述べている．

　以上が評者なりに理解した内容である．本書はフランス柔道について，様々な視点からの検討と分析を踏まえた上で，教科体育としての柔道を含めた日本柔道の問題点を鋭く指摘し，今後の日本柔道の進むべき道を示している．そして，本書には，日本柔道の抱える課題を解決する糸口として，また日本柔道の発展に寄与する内容が盛り込まれており，その果たす役割に大いに期待したい．

書評

体罰と日本野球 ―歴史からの検証
中村哲也　岩波書店　2023年

── 束原文郎

　なぜ日本のスポーツ界に体罰が生まれ，広がったのか．本書は，日本のスポーツ界から体罰をなくすことを本気で願い，この問いに徹底的に向きあった歴史社会学者による分厚いカルテと処方箋である．

　序章「体罰の減らないスポーツ界」では，まず，「桜宮事件（2012）」がきっかけとなった意識の高まりや対策以降も一向になくならない日本の体罰問題の現状を提示する．これまで体罰問題の解明や解消に向けて取り組んできた政策的実践や先行研究が無力だったわけではないとしながらも，日本でのみ体罰がなくならない理由は未だ不明であり，日本最大の大衆スポーツである「野球」を対象に「いつ，どこで，だれが，どのような体罰をおこなったのか」を「史料に基づいて実証」することで，体罰の激化・拡大する要因に迫るという本書の課題を明確に示す．

　体罰の発生を検討するには，体罰発生以前の実態を踏まえねばならない．第Ⅰ部「体罰発生以前の日本野球」では，一高から早慶へという明治期の学生野球の発展史を辿りながら，体罰に繋がりかねない文化の胎動を確認している．例えば，活動の中心は部員の自治にあったが，だからこそおよそ科学的とは言えない猛練習を行い，応援に来なかった一般学生や神聖なグラウンドに下駄で立ち入った中学生に暴力的な制裁を加えるといったことが常態化していたこと（第一章　野球部活動の発生と制裁――明治期の一高野球と早慶野球部），明治後期に入ると，野球は「害毒」という社会的批判を受け，部員によるストライキや校長排斥運動が起こるも，暴力や不満の矛先が下級生やチームメイトに向かうということはなかったこと（第二章　野球部の拡大と部員の関係――中等学校の成立と学生野球の組織化）などが明らかにされる．

　これを承けた第Ⅱ部「体罰の発生と拡大」では意外にも，甲子園や六大学野球が制度化され，野球を通じた進学・就職が一般化するという普及や近代化の過程において，明治期までは決して組織の内側に向くことがなかった暴力や非人道的なコミュニケーションが下級生やチームメイトに向けられるようになったことが示される（第三章　野球の「近代化」と体罰の発生――大正期の構造転換）．戦後，軍隊を経た指導者がスポーツ指導の現場に復帰するなか，体罰の拡大再生産の構造的前提，すなわち学校教育における生徒・学生数の上昇とその帰結としての野球を含む運動部活動の肥大化が生じる．その構造を定量データで踏まえた上で，定性データである自伝・回想録を主な史料とし，王・長島ら稀代の名選手までもが暴力と暴力を正当化する言説を再生産するピースとなったメカニズムを論じていく．体罰は，上下関係が厳格化したスポーツ指導現場において，構造的に増えてし

まった1部当たりの部員数を抑制しようとする潜在的な誘引を背景に生じた一種のマネジメント・テクノロジーだった。日本の特殊性は、その体罰が学校教育と密接に結びつく運動部活動を通じて、プロや大学といった高度なパフォーマンスを追求する場を起点に同心円状に伝播し、どこにでもある一般的な中高生の「ブカツ」にまで膾炙したというアイロニーにあったのである（第四章 戦後野球の拡大と激化・日常化する体罰——学生・社会人・プロへ）。

終章「体罰なきスポーツ界の実現に向けて」では、第I部・第II部の実証知見を振り返りつつ、文字通り体罰の根絶に向けた提案を展開している。「日本スポーツ界で体罰・しごきが拡大したのは、学校外にスポーツができる環境がないために、多くの学生・生徒が部活動に殺到し、試合に出たり、レギュラーになったりするためには、ライバルを蹴落とさなければならなかった」のだから、「一チームの部員数を適正なものとしたり、部員数が多い学校チームは複数チームでの大会出場を認めたり、一軍（トップチーム）以外の選手だけが出場できる大会・リーグ戦を開催したりすること」や「部員・選手が移籍をしやすい環境をつくること」でその構造的誘引を弱めることになると強調した。

本書が出るまで、日本の体罰に対する人文・社会科学的な研究の到達点はおそらく、アメリカの文化社会学者A・ミラーによる『日本の体罰：学校とスポーツの人類学（訳：石井昌幸ほか）』だったろう。『日本の体罰』も、日本文化の外で育った研究者が先入観を排して体罰を記述した極めて良質なモノグラフだった[1]。

だが今回『体罰と日本野球』を通読し、本書が『日本の体罰』の到達点を超え、日本の人文・社会科学的体罰研究を一歩も二歩も前進させたと直感した。理由は大きく3つ。第一に、現在に残る体罰の起源を、スポーツ現場に体罰が持ち込まれる以前から記述したことで、日本のスポーツ現場における体罰の時系列的な相対性を示したこと。日本のスポーツ現場における体罰は、軍隊起源ではない。太平洋戦争末期に大量に動員された学徒が復員し、戦後の体罰拡大の触媒となった可能性はあるものの、起源は

学生自治のスポーツ現場そのものに求められる。日本のスポーツ現場は当初、体罰のない状態で運営できていたのだ。

第二に、日本のスポーツ文化の源流を野球に見出し、そこからの波及モデルとして体罰の激化と拡大を説明したこと。野球は、〈日本のスポーツ〉そのものだ。サッカーで育った評者は今年、人生で初めて8/15の甲子園を訪ね、バックネット裏から正午のサイレンに黙祷を捧げた。満員の観衆、見上げれば福岡ソフトバンクホークスの王貞治会長がロイヤルスイートのバルコニーに立ち胸に手を当てている。これだ。場に居合わせた人だけでなく、テレビ放送を通じて接触しうるすべての人々に〈日本〉という"想像の共同体"を体感させる、有無を言わさない説得力が〈日本の野球〉、特に〈甲子園野球〉にはある。野球に照準を合わせたのは、野球で育ち、博士論文まで野球史で書いた著者ならではの慧眼か、のみならず、その著者を日本を代表するスポーツ史家へと導いた環境の勝利とも言えるだろうか。

第三に、部員数と体罰の発生を量的に示すことで、体罰の病因を生得的あるいは遺伝的な"文化"から後天的かつ生活習慣病的な"構造（環境）"に求める議論に転換してみせたこと。第一に示した体罰のない"時代"を描出したことと合わせ、体罰が起こりにくい環境を整え得るという事実の指摘は、加害指導者の処分や追放を強化するだけで文化と構造を温存する日本スポーツ界の患部（幹部?!）に突きつけられた鋭利なメスのようだ。

本書の全体を通じ、日本スポーツ界の体罰という病患に対しては、対症療法ではなく体質改善による根治を目指す！という著者の静かな、しかし確かな意志を読者は感じ取るだろう。多くの関係者がここに示された処方箋を理解し、方針に従って治療に乗り出すなら、日本スポーツ界が健康を取り戻す日は遠くない。

---

[1] 束原文郎（2021）書評：アーロン・ミラー［著］（石井昌幸ら［訳］）日本の体罰：学校とスポーツの人類学．週刊書評紙『図書新聞』11/27付，第3521号，3面．

投稿規程・手引き・倫理規程

投稿規程

令和5年6月25日　制定

（目的）
第1条　日本体育社会学会（以下「本学会」という）の機関誌（「年報　体育社会学」という）発行の事業を行うため，会則第10条第4項にもとづき本規程を設ける．

（投稿資格）
第2条　「年報　体育社会学」（以下「本誌」という）に投稿できる原稿の筆頭著者は，本学会の会員に限る．ただし，編集委員会（以下「委員会」という）が認めた場合にはその限りではない．（論文の掲載費用については第19条を参照）．

（種類）
第3条　論文の種類は学術論文（査読つき：原著論文，研究資料，事例報告），学会大会報告（本会研究会，学会大会企画，一般発表演題一覧），活動報告（理事会報告，総会報告，役員・各種委員会名簿），事務局報告とする．投稿論文は本学会における完結した未発表のものであり，他誌に投稿中でないものに限る．

なお，本会学会大会および日本体育・スポーツ・健康学会大会等における口頭発表等（発表抄録掲載内容を含む）や口頭発表等に用いた資料の内容を充実させた論文，あるいは各種研究助成金の交付を受けた研究をまとめた論文は，投稿することができるものとする．

2)　委員会は，以下の規定を満たす論文について，二次出版として本誌への論文投稿を認める．

(1)　二次出版論文は，一次出版論文と異なる言語で書かれ，一次出版論文のデータ，解釈を忠実に反映したものであること．

(2)　二次出版論文は主として一次出版論文と異なる読者層のために書かれていること．

(3)　一次出版論文の編集責任者の許諾文書と既刊論文（別刷りもしくはコピー）を添えて年報体育社会学編集事務局に提出すること．

(4)　二次出版論文の表題頁の脚注に，一次出版論文の掲載雑誌名，巻，頁，発行年，表題，およびその論文の二次出版であることを明記すること．

(5)　二次出版論文の投稿は，一次出版論文の掲載雑誌の発行後とすること．

(6)　論文の構成・形式は本誌投稿規定に従うこと．

なお，論文の採否は委員会で決定し，二次出版論文の著作権は本学会に属するものとする．

（言語）
第4条　投稿論文における使用言語は日本語とし，計量単位は原則として国際単位系（SI）とする．

（作成方法）
第5条　投稿論文の原稿はワードで作成するものとし，A4判横書き，原則として，全角40字30行のページ設定とする．原稿は，委員会が別に定める「投稿の手引き」に従って作成する．

（文字数）
第6条　投稿論文原稿の規定文字数（スペースを含める）は次の通りとする．図表，写真，その他の資料（付録等を含む）を含める原稿は，第7条に基づいて，図表，写真，その他の資料（付録等を含む）を文字数に換算する．なお，査読における修正変更により，受理後に印刷規定ページ数を超える場合には，超過掲載に要する費用は投稿者が負担する．

2)　学術論文（原著論文，研究資料，事例報告）については，本文，注記，文献表の総文字数は全角20,000文字以内とする．

3)　題目，著者名，所属機関，キーワード，英文抄録およびその和訳については，上記の文字数の上限に含めない．

（図表等の換算）
第7条　投稿時の図表，写真，その他の資料（付録等を含む）は，原則として，その大きさが刷り上がりと同様になるように投稿の手引きを参照して作成する．

2)　図表，写真，その他の資料（付録等を含む）を刷り上がり紙面のサイズ（A4）にまとめた場合，4ページ以内とする．ただし，研究資料の場合は6ページ以内とする．

3)　図表，写真，その他の資料（付録等を含む）が1ページに満たない（空白がある）場合も含めて1ページあたり全角1,800文字に換算する．

4)　図表やその他の資料（付録等を含む）は白黒を原則とし，カラー図表，写真，その他のカラー資料（付録等を含む）の掲載等特別の費用を要した場合には，その超過分を投稿者が負担する．

（図表等の挿入）
第8条　図表，写真，その他の資料（付録等を含む）には，それぞれに通し番号とタイトル

をつけ，本文とは別に番号順に一括する．
図表，写真，その他の資料（付録等を含
む）の挿入箇所は，本文中にそれぞれの番
号を明記する．

（文献）
第9条　本文中での文献の記載は，原則として著
者・出版年方式（author-date method）と
する．また文献リストは，本文の最後に著
者名のアルファベット順に一括する．引用
および注記の方法は，原則として，委員会
が別に定める「投稿の手引き」に従う．

（英文抄録）
第10条　学術論文（原著論文，研究資料，事例報
告）の原稿には，英語による400語以内の
抄録を添える．同時に，英文抄録の和訳文
を添付する．

（ページ番号）
第11条　投稿論文のページには通し番号をつける．

（被験者および被験動物の取り扱い）
第12条　論文の作成に際して，被験者や被験動物の
取り扱いについては，日本体育・スポーツ・
健康学会の総会で採択した「研究者の倫理
について（覚書）」を参照し，人権擁護・
動物愛護の立場から十分注意するとともに，
実際に配慮した点を論文中に明記する．

（謝辞および付記）
第13条　公平な審査を期するため，謝辞および付記
等は論文の受理後に書き加える．

（投稿の受付）
第14条　論文の投稿は，電子投稿とし，随時受け付
ける．

（審査）
第15条　論文は委員会による審査を受けるものとす
る．論文の掲載可否および掲載時期は，委
員会において決定する．

（受付日）
第16条　投稿論文は電子投稿受付日を論文の受付日
とし，委員会による掲載決定後，電子投稿
採択日を受理日とする．受理された論文は，
委員会が訂正を要求した箇所以外に，委員
会の承認なしに変更を加えてはならない．

（再提出）
第17条　委員会より訂正を求められた論文は60日
以内に再提出することとし，60日を超え
て再提出された場合には新たに投稿された
論文として受け付ける．

（刊行）
第18条　委員会において掲載が承認された論文は，
webデータ（PDF）をホームページの公

開とともに，冊子として刊行される．

（費用）
第19条　webデータ（PDF）および冊子に掲載が
承認された投稿論文の著者が本学会会員の
場合は，第6条第1項，第7条第4項を除
いて，掲載に必要な費用を無料とする．
2）委員会が投稿を依頼した論文の掲載費用は
無料とする．

（校正）
第20条　公開される論文の著者校正は1回とする．
著者校正の際，印刷上の誤り以外の字句の
修正や，投稿原稿にない字句の挿入および
図表，写真，その他の資料（付録等を含
む）の修正は認められない．

（別刷）
第21条　冊子における論文の別刷を希望する投稿者
は，著者校正の際に必要部数を印刷会社に
連絡する．ただし，この場合の経費は投稿
者の負担とする．

（著作権）
第22条　本誌に掲載された論文の著作権の一切（著
作権法第27条および第28条の権利を含む）
は，本学会に帰属または譲渡されるものと
する．ただし，論文の内容に関する責任は
当該論文の著者が負う．

（規程の改正）
第23条　本規程は，総会の決議により改正すること
ができる．

附則
1．本規程は，令和5年6月25日から施行する．

投稿の手引き

2023（令和5）年6月25日　制定

1．投稿原稿の種類
　　投稿規程第3条に定められているように，本誌
に掲載される論文の種類には，原著論文，研究資
料，事例研究があります．また，投稿規程第4条
に定められているように，投稿論文における使用
言語は日本語に限られます．
　1）「原著論文」は，科学論文としての内容と体裁
を整えているもので，新たな科学的な知見を
もたらすものであることが必要です．
　2）「研究資料」は，調査や実験の結果を主体にし
た報告であり，体育社会学の研究上，客観的
な資料として価値が認められるものです．こ
の場合，原著論文に必要な見出しや，それに
相当する内容のすべてを含む必要はありませ
んが，関連研究とのつながりの中で，その資
料を提出することの意義が明らかであり，資
料そのものの説明が十分になされていること

投稿規程等　117

3)「事例報告」は，特定の少数の事例を詳細に調査・研究し，その結果を報告することによって，体育社会学の発展に寄与できるものです.

2. 電子投稿
1)「年報　体育社会学」では，投稿および審査をすべてオンライン上で行います.
2) 投稿原稿は，編集幹事（一ッ橋印刷株式会社）投稿受付メールアドレスへ添付ファイルで送信します.
3) 投稿論文，図表，写真，その他の資料（付録等を含む）の原稿は，Word，Excel，Power Point，のファイルと投稿原稿のPDFです.
4) webデータとして公開した論文に関して，通常公開までに見つかった誤りは，編集委員長の承認の下に訂正して，訂正版を通常公開することができることとします. 論文の通常公開の後に見つかった誤りは，編集委員長の承認による「訂正記事」によって訂正することとします.
5)「年報　体育社会学」の編集事務局への連絡は，次の通りです.
E-mail：arspes@onebridge.co.jp

3. 原稿の作成
一般社団法人日本体育・スポーツ・健康学会「体育学研究」投稿の手引きの「Ⅲ. 原稿の作成」に準じて作成してください.

投稿倫理規程

2023（令和5）年6月25日　制定

（目的）
第1条　本投稿倫理規程（以下「規程」という）は，「年報 体育社会学」（以下「年報」という）へ投稿される原著論文，研究資料，事例報告等（以下「投稿論文等」という）の投稿倫理に係る必要な事項について定める.

（研究倫理委員会等の承認）
第2条　投稿論文等に係る研究を実施するにあたり，研究を実施した機関の倫理委員会（もしくは，これに準ずる組織）の承認を得ていることが望ましい. ただし，承認を得た場合には，その旨を論文に記載する.

（二重投稿）
第3条　投稿論文等はオリジナルの論文であり，以下の項目を遵守しなければならない.
(1) 投稿された論文は，他の論文等で公表されたものであってはならない.
(2) 他の学会誌等に投稿中の論文を投稿してはならない.
(3) 以前に公表した論文に，データや事例を増やしただけ，あるいは一部を改編しただけの修正で，新たに投稿してはならない.
(4) 他の学会誌等で公刊された，もしくは投稿中の論文で使用したデータを用いて投稿する際には，その旨を記述するとともに，その論文とは異なる視点でのデータ解析や独自性の高い分析が行われ，その違いが明確にわかるような記述がなされていなければならない.

（個人情報の保護）
第4条　投稿論文等に用いたデータや個人情報は，個人情報保護法を踏まえ，適切に保護されなければならない.
(1) 論文において，研究対象にした個人や施設が特定されるような記述を行わない.
(2) 個人情報を含む研究データは適切に管理しなければならない.
(3) 研究データの捏造を行ってはならない.

（著作権の侵害）
第5条　投稿者は他論文等の引用にあたり，著作権を侵害しないようにしなければならない.

（掲載論文の取り消し）
第6条　以下の問題が生じた場合には，すでに掲載された論文であっても，掲載を取り消すことがある. その審議と決定は，編集委員会が理事会との協議のもとで行う.
(1) データ捏造等，虚偽の記載が判明した場合
(2) 二重投稿であることが判明した場合
(3) 掲載論文に倫理上の問題が判明した場合
(4) その他，編集委員会が問題とする事項が起きた場合

（規程の改廃）
第7条　本規程の改廃は，編集委員会の議を経て決定し，理事会の承認を得るものとする.

附則
1. 本規程は，2023（令和5）年6月25日から施行する.

(参考)「未発表論文（「年報 体育社会学」に投稿可能な論文）」の定義について

投稿規定において含意されている既発表論文には，雑誌論文（掲載予定・投稿中のものを含む），単行図書・単行図書所収論文（出版予定のものを含む）だけでなく，科研費報告書（あるいは，それに準ずる報告書）・修士論文・博士論文・学会報告資料を含みます. したがって，これらの論文あるいはその一部を，そのまま投稿することはできません.

ただし，既発表論文との関係については，発表の

しかたによって，研究活動上の意味が異なりますので，編集委員会としては，そのことを考慮して，つぎのような取り扱いをします．

　既発表論文のうち公刊されている論文，すなわち，雑誌論文，単行図書・単行図書所収論文，公刊された博士論文をもとにして書かれた，または，関連する内容の論文を投稿する場合には，これらの既発表論文すべてのコピーと，これらの論文と投稿論文の関係について説明した文書を添付してください．編集委員会で必要と認めた場合には，論文審査に入る前に，既発表論文と投稿論文の関係について点検を行います．

　上記の諸論文については，引き写しに相当する部分が全体の3分の1未満で，かつ，同趣旨の内容が論文の中心部分を占めていないと判断できる場合にのみ，投稿を受け付けます．

　上記以外の発表形態の論文，すなわち，科研費報告書（およびそれに準ずる報告書）・修士論文・未公刊の博士論文・学会報告資料の場合も，そのまま引き写して投稿するのではなく，議論を発展させ新たな論文にするために必要な書き直しをしてください．必要な書き直しの程度については，執筆者の裁量を尊重します．科研費報告書（およびそれに準ずる報告書）・修士論文・未公刊の博士論文・学会報告資料については，添付する必要がありませんが，この場合でも，投稿論文の注または付記では必ず言及してください．

　以上の手続きは，研究水準の維持・向上，および，会員の皆さんの研究の発展過程に対して，本誌の編集・刊行が，より適合的なものになることを目指して定めるものです．

※本定義は日本社会学会の「未発表論文（「社会学評論」に投稿可能な論文）の定義について」を参考にして本学会用に書き改めたものである．

編集後記

　機関誌『年報 体育社会学』も第6号となり，投稿論文4編と特集論文3編と充実した内容で発行することができました．投稿の現状は，残念ながら掲載に至らなかった論文や次号での掲載に向けてすでに審査を開始した論文もあり，多くの方々が研究成果を発信する場となっていることを実感できています．投稿された論文は，掲載までに審査を経る必要があります．投稿数が増えることは，同時に，審査に携わっていただく方が増えるということでもあります．この経緯は会員の参加によって支えられており，みなさまのご協力に改めて感謝いたします．

　私事ですが，永年勤めた大学を2年前に定年退職しました．前任校を含むこの35年間における変化のひとつは，本学会を含む多くの新しい学会が生まれたことです．私がはじめて参加した学会大会は，岐阜大学で開催された「日本体育学会」でした．そこでは，専門の体育社会学だけでなく，体育方法学，体育科教育学，体育経営管理学など，多種多様な分野の発表を聞くことができ，大講堂で開催された全体シンポジウムでは多くの体育の研究者の存在を目の当たりにし，大きな刺激を受けた記憶があります．一方，専門種目としてきたサッカーに関する「サッカー医科学研究会（現在のフットボール学会の前身）」は小規模な場であり，著名な先生方と直接やりとりができたことで，研究の視野が広げられました．

　18歳人口が減少し大学の学部が改変され，体育科教育系では大学院の削減などの状況も見られています．本学会は，特に若手研究者の発表の場を確保することに力を入れて設立されたと記憶しています．若い人たちがどのような期待を持っているのかを的確につかみ，若手の育成に寄与できるような発展を続けていくよう，編集委員としても尽力したいところです．

前田 博子

年報 体育社会学 ［第6号］

■編集委員会
藤井 雅人（委員長）　前田 博子（副委員長）
石坂 友司　　稲葉 慎太郎　　甲斐 健人　　神野 賢治　　高橋 豪仁　　千葉 直樹
■専門委員
渡 正　　藤田 紀昭　　松田 恵示　　浜田 雄介　　白石 翔　　谷口 勇一　　溝口 紀子　　中澤 篤史

発　行　日　　2025年4月1日

編集兼発行者　　日本体育社会学会（会長：松尾 哲矢）

事　務　局　　〒630-8506　奈良県奈良市北魚屋西町
　　　　　　　奈良女子大学生活環境学部 N120 研究室　　石坂友司研究室内
　　　　　　　TEL：0742-20-3347
　　　　　　　E-mail：jimukyoku@jssspe.org

発　売　所　　株式会社杏林書院
　　　　　　　〒113-0034　東京都文京区湯島 4-2-1
　　　　　　　TEL：03-3811-4887　FAX：03-3811-9148　kyorin-info@kyorin-shoin.co.jp

発　行　所　　一ツ橋印刷株式会社
　　　　　　　〒135-0033　東京都江東区深川 2-4-11
　　　　　　　TEL：03-5620-1950　FAX：03-5620-1960
　　　　　　　URL：https://www.onebridge.co.jp/

印　刷　所　　一ツ橋印刷株式会社　　　　表紙デザイン　広井 章子（REHAL）